总主编◎楼宇烈

羊皮卷珍藏版

中|华|优|秀|传|统|文|化|经|典|丛|书

黄帝阴符经

华胥子 译注

华龄出版社
HUALING PRESS

图书在版编目（CIP）数据

黄帝阴符经 / 华胥子译注. -- 北京：华龄出版社，2022.8

（中华优秀传统文化经典丛书 / 楼宇烈主编）

ISBN 978-7-5169-2292-7

Ⅰ.①黄… Ⅱ.①华… Ⅲ.①《阴符经》－译文②《阴符经》－注释 Ⅳ.①B223

中国版本图书馆CIP数据核字(2022)第108302号

策　　划	善品堂藏书	责任印制	李未圻
责任编辑	李　健	装帧设计	王德华

书　　名	黄帝阴符经	译　注	华胥子
出　　版	华龄出版社		
发　　行	HUALING PRESS		
地　　址	北京市东城区安定门外大街甲57号	邮　编	100011
发　　行	(010) 58122255	传　真	(010) 84049572
承　　印	天津冠豪恒胜业印刷有限公司		
版　　次	2022年9月第1版	印　次	2022年9月第1次印刷
规　　格	889mm×1194mm	开　本	1/32
印　　张	10.5	字　数	115千字
书　　号	ISBN 978-7-5169-2292-7		
定　　价	86.00元		

版权所有　翻印必究

本书如有破损、缺页、装订错误，请与本社联系调换

中华优秀传统文化经典丛书

编委会

总主编

楼宇烈

副总主编

聂震宁　王　杰

编　委

成中英　李中华　王守常　冯天瑜　钱宗武

陈　来　朱小健　林安梧　曹洪欣　张其成

董　平　鲍鹏山　齐善鸿　姚春鹏　任俊华

吴言生　钱文忠　丁万明　杨朝明　肖志军

中华优秀传统文化经典丛书

编委会秘书处

何德益 江 力 于 始 邹德金

出版缘起

文化是一个国家、一个民族的灵魂。泱泱华夏,五千年文明历史所孕育的中华优秀传统文化,是中华民族生生不息、发展壮大的丰厚土壤。

党的十八大以来,以习近平同志为核心的党中央高度重视中华优秀传统文化的传承与发展。2013年11月26日,习近平总书记在山东曲阜孔府和孔子研究院考察时强调:"要大力弘扬中国传统文化。"2022年6月8日,习近平总书记在四川眉山三苏祠考察时指出:"要善于从中华优秀传统文化中汲取治国理政的理念和思维。"2017年1月，中共中央办公厅、国务院办公厅印发《关于实施中华优秀传统文化传承发展工程的意见》，系统部署传承发展中华优秀传统文化的战略任务，把传承中华优秀传统文化提升到新的历史高度。2022年4月，中共中央办公厅、国务院办公厅印发《关于推进新时代古籍工作的意见》，明确指出，要完善古籍工作体系、提升古籍工作质量，"挖掘古籍时代价值"，"促进古籍有效利用"，"做好古籍普及传播"。

中华传统文化是中华民族的"根"与"魂"。文化兴则国家兴，文化强则民族强。没有高度的文化自信，没有文化的繁荣兴盛，就没有中华民族的伟大复兴。党的十九届六中全会强调，要"推动中华优秀传统文化创造性转化、创新性发展"。为适应全民阅读、共读经典的时代需求，我们组织出版《中华优秀传统文化经典丛书》，以展示古籍研究领域的成果，推广、普及中华优秀传统文化经典，传承、弘扬中华优秀传统文化，提振当代中国人的文化自信。

激活经典，熔古铸今。丛书精选中华优秀传统文化经典，既选取广为人知的历史沉淀下来的传世经典，也增选极具价值但多部大型丛书未曾选入的珍稀出土文献（如诸多竹简、帛书典籍），充分展示中华传统文化的历史脉络与宏富多元。丛书由众多学识渊博的专家学者担任编委，遴选各领域杰出研究者与传承人担任解读（或译注）作者，切实保证作品品质。

丛书定位为中华优秀传统文化经典普及读物，力求能让广大读者亲近经典、阅读经典，充分领略和感受中华优秀传统文化的魅力，并从中获益。为此，解读者（或译注者）以当代价值需求为切入点解读古代典籍，全方位解决古文存在的难读难解、难以亲近的问题，让中华优秀传统文化贴近现实生活，走进人们的心中，最大限度地发挥以文化人的作用。

"问渠那得清如许？为有源头活水来。"博大精深的中华文化源远流长，五千年文脉绵延不绝，中华优秀传统文化是中华儿女奋发图强、继往开来、实现民族伟大复兴的强大精神来源。"洒扫应对，莫非学问。"读者诸君若能常读经典、读好经典，真正把传统文化的精义、真髓切实融入生活和工作，那各位的知与行也一定能让生活充满希望，让工作点亮未来，让国家昌盛，让世界更美好！

丛书编委会
2022 年 6 月 9 日

目 录

前　言 ……………………………………（Ⅰ）

上篇　神仙抱一演道章 ……………………（ 1 ）
中篇　富国安民演法章 ……………………（ 57 ）
下篇　强兵战胜演术章 ……………………（ 91 ）
后　记 ……………………………………（175）

附录一　阴符经真诠 ………………………（181）
附录二　阴符天机经 ………………………（279）

前　言

以知机为运用,以食时为先天,守三要为堤防,见五贼为观执,所以观其时而合其符,察其机而应其事。运生机之柄,则神机鬼藏矣。

——明代道士白云霁

北宋神宗熙宁二年,一位科举不第的读书人,一位曾经的小县吏,一个充军的罪犯,名字叫张伯端,在八十六岁时偶遇真人,得授真诀,两年后修成了金丹大道。张伯端将如何在这般高龄修成正果的秘诀在《悟真篇》和盘端出,因此形成了"性命双修,先命后性"的南宗丹法,推动了中国道教的发展,张伯端因此成为道教内丹南宗祖师,后被敕封为"紫阳真人"。

清代《四库全书》将《悟真篇》称为"丹经王",其思想成为儒释道三教的共同财富,不仅收入道藏,还进入了通俗小说。在《西游记》中直接引用了七首《悟真篇》诗词,还发明一样神奇得令人难忘的五彩霞衣,为保护朱紫国的王后金圣宫娘娘不被妖怪玷污,紫阳真人将五彩霞衣交予娘娘护体,从此娘娘仿佛生得一身毒刺,妖怪近不得身,得以保全清白。当然,正如整部《西游记》都是有关人生修行的隐喻,五彩霞衣更是有关内丹修炼成功的象征。

紫阳真人在《悟真篇》中对《黄帝阴符经》推崇备至,他写道:"《阴符》宝字逾三百,《道德》灵文满五千。古今上仙无限数,尽于此中达真诠。"《悟真篇》

吸收了《黄帝阴符经》对"天地人"三才关系的认识，主张天地盗人是顺行，人盗天地是逆行，追求的就是盗取天地精华以养生。由此，《黄帝阴符经》成为道教内丹术的最高指南。

道士们每天早晚功课诵念的《南五祖宝诰》里不仅有南宗初祖张伯端真人，还有南宗第五代传人白玉蟾。白玉蟾在道教地位相当于佛教禅宗六祖慧能，是海南土生土长的最有影响的历史人物，无论是在道教中，还是在诗词及书画艺术方面的成就都是海南历史上的一座高峰。显然白玉蟾完全继承了南宗始祖张伯端的说法。他在《大道歌》中写道："道德五千言，阴符三百字。形神与性命，身心与神气。交媾成大宝，即是金丹理。"

全真教创始人王重阳是道教内丹北宗五祖，他在甘河镇遇异人所传授的秘典，就是《黄帝阴符经》。他在所作的《浣溪沙》词中写道："会看虚空七宝圆，能开寂静六华轩，希夷微妙在坤乾。理透阴符三百字，搜通道德五千言,害风一任害风虔。"自此南北两宗完全形成共识。

其后的道教内丹中派、东派、西派也同样都供奉《黄帝阴符经》。元初李道纯(莹蟾子)融合南北二宗,是内丹中派开创者,他在《三天易髓》中有《阴符经直指》,他说:"阴符经,阴阳符合之机,众所通行之义。"明朝道士陆西星(潜虚子),又号方壶外史,道教内丹东派的创始人,著有《黄帝阴符经测疏》,他在序中说:"阴符经者,轩辕氏之书也。昔者轩辕氏得道于广成子,作阴符、龙虎二经,所谓性命之宗,三元之道,则论之备矣。"清代道士李西月(长乙山人),继承内丹炼养之道,世称"西派"。李西月著有《阴符经类解》,他在序中说:"《阴符》在三才之理,万化之基,定修炼之术,真似开辟以来应有文字,其所言者,皆自然也。"

对于《阴符经》与道教内丹的联系,在中华书局出版的《阴符经集成》中,著者王宗昱先生在前言中总结道:"这种联系一方面表现为许多道士利用《阴符经》的原理或者格言解说炼丹理论乃至技艺,另一方面表现在道士们用炼丹理论解说《阴符经》的经文。"

《道德经》和《黄帝阴符经》都讲阴阳,《道德经》侧重于有无之转化、虚实之错杂,而《阴符经》讲生死之盗夺、恩害之互生。比如《黄帝阴符经》上篇中用了"五贼""杀机",中篇中用了"三盗""盗机",下篇中用了"天之无恩""天之至私"等。《道德经》推崇的是"无为""玄牝""谷神""柔弱""母""雌"等。黄帝像严肃的父亲,高度理性,不留情面,总是声如洪钟,言简意赅,真指要害;而老子像慈祥的母亲,充满感情,无限耐心,永远轻声柔语,以非而是,打着圆场。

《黄帝阴符经》与老子《道德经》被称为道学双璧,构成了"黄老"学说的理论基石与修真指南。《阴符经》"五贼"与《道德经》"五德"是全面认识宇宙的两个至高点。北宋理学奠基人之一、教育家程颐说："《老子》言甚杂，如《阴符经》却不杂。然皆窥测天道之未至者也。"

刘一明（悟元子），清代著名道士，内丹学大家，全真道龙门派第十一代宗师。他在所著《阴符经注》的序中说："阴符经三百余字，其言深奥，其理精微，凿开混沌，剖析鸿蒙，演造化之秘，阐性命之幽，为古今来修道第一部真经。"刘一明给予《黄帝阴符经》至高无上的评价，其言下之意很明显：《黄帝阴符经》是道家思想中的"祖经"，其地位超过了《道德经》。这虽为一家之言，但《黄帝阴符经》在道教中的重要性由此可见。

可是如今研究宗教史、哲学史的人们极少注意它，民间更是只知《道德经》，而不闻《黄帝阴符经》。《道德经》外文译本已有近五百种，涉及三十多种语言。千百年来，《道德经》不仅在中国社会中发生了深远影响，而且广泛流传于世界上许许多多的国家和地区。《道德经》作为东方智慧的代表之一，已成为人类重要的精神文化遗产。

明成祖朱棣敕令编撰的《正统道藏》是中国道教史上重要的道藏之一，收集《道德经》文本及注本，总计有四十一种，同时所收集的《黄帝阴符经》文本、注本及发挥《阴符经》余义的书也达二十二种之多。显然，从这个数量对比上，今人对《黄帝阴符经》的熟知和重视程度却相去甚远。自一九四九年以来，似乎没有一个新的释义单行本正式出版。即使第七届中国道教协会会长任法融所著的《黄帝阴符经释义》只有区区两万余字，还是与《黄石公素书释义》合并成一本小册子。

明代著名思想家、哲学家吕坤在所著《阴符经注》的"杂说"中说："《阴符经》天载之玄秘，三教之心传也。《易传》《道德》《清静》三经皆从此出。"这个结论甚为明确，虽暂无考据学依据，但任何一位熟读以上经典的人，都不免颇有同感。更有甚者，认为《黄帝阴符经》是《道德经》的总纲，是开启《道德经》宝库的金钥匙；或者认为《黄帝阴符经》是《道德经》《黄帝内经》《清静经》和《易经》这些经典的总序。

清代名儒汪绂在所著《读阴符经》的前言中就表述了这种意思："阴符者，沉隐伏匿，藏其用于不测，即老子清静无为、知白守黑之意也。先儒谓老子之书杂，阴符经却不杂。盖其书简约，而前后一意，有以入老氏之阃奥而啜其精微，故不烦言而意已畅。内之为修炼，外之为权谋，五千言之旨备矣。"

明朝道士陆西星在所著《黄帝阴符经测疏》的序中，持有类似观点："老氏祖之而言道德，伯阳拟之而作参同，言言一旨，等趣不殊，诚入道之津梁，登真之梯筏也。"意思是，老子传承了《黄帝阴符经》而创作了《道德经》，魏伯阳仿照《黄帝阴符经》而创作了《参同契》。魏翱，字伯阳，道号云牙子，东汉时期黄老道家、炼丹理论家，道教丹鼎派的理论奠基人。

宋太宗赵光义留下了几百首有关修道的诗，下面他的这首诗用一个"念"字，暗示了《道德经》是对《阴符经》的响应，用现在的话叫致敬："经心玄妙理，道德念阴符。九转金丹鼎，三才玉匮书。恒常皆隐秘，达者见清虚。倏忽神明意，先贤觉自愚。"

《黄帝阴符经》与《道德经》《易经》《清静经》处处义理相通。《黄帝阴符经》教人"观天之道，执天之行，尽矣"，"立天之道，以定人也"，重在"天人合发，万化定基"。老子《道德经》中说："人法地，地法天，天法道，道法自然。执古之道，以御今之有，能知古始，是谓道纪。"

《易经》是关于宇宙的思维模式和哲学思想，也与上述观点相一致。在《易经·说卦传》中讲："古人仰观天文，俯察地理，近取诸身，远取诸物，是以立天道曰阴与阳；立地道曰柔与刚；立人道曰仁与义；兼三才而两之，是以六画为卦象，分阴分阳、迭用柔刚，是以六画为章"。因而"天地定位，山泽通气，风雷相薄，水火不相射，八卦相错，天道左旋，地道右旋，数往者顺，知来者逆。是故，易，逆数也。"

清朝名医徐大椿在《阴符经注》的序中开篇即说："阴符，赞易之书也。"又说："然则读阴符者，能不视为奇邪险谲之书，而以为发明易理之书，通其微妙，并能推广其义，以穷全易之理，则阴符明而易道亦明矣。"

《清静经》，全称《太上老君说常清静经》，同《黄帝阴符经》一样，成书前皆为口口相传，不记文字，直至东汉年间，葛玄笔录而成书。时至今日，在各个道教宫观中，《玄门日诵早晚功课经》把《清静经》置于众经之首，每日持诵，可知该经是道教徒修持的一部十分重要的上乘经典，其核心观点就是："人能常清静，天地悉皆归。"这与《黄帝阴符经》的"自然之道静，故天地万物生"和《道德经》中的"归根曰静，静曰复命""清静为天下正"有异语同趣之妙。

我们在研究学习优秀传统文化到了一定境界后，可以把这几部经典《黄帝阴符经》《道德经》《易经》和《清静经》相互比较、联系起来，一并阅读，融会贯通，再上层楼。

天道隐藏在万事万物的背后，"阴符经"是"秘密的经文"，强调了天道的隐蔽性与变化莫测。"黄老"思想的传承，因其"道可道，非常道。名可名，非常名"，故以"秘传"为主。

隐学不同于显学，讲究机缘，因此有"师不顺路，道不轻传"的法则。方有黄石公，三试张良授《素书》，以及唐代道士李筌嵩山虎口岩石壁中，偶得前辈上清道士寇谦之封藏的《黄帝阴符经》。老子也根本无意留下任何文字，若不是那个把守函谷关的总兵尹喜拦住不放，哪可能有什么五千言？孔子"述而不作"，所留下的《论语》据说半部就可治天下，但也不过都是弟子学生们记的笔记而已；禅宗六祖慧能夜半所受衣钵时，也是聆听五祖弘忍的亲密耳语；连《西游记》中的孙悟空都是由菩提祖师秘授长生之道。道教的金丹大道更是全靠明师的点拨，方悟长生之术。师徒之间口传心授，极少立文字，凡立成文字的，经典之紧要处，往往又在文字之外。文字所表达的文化内涵，往往限制其内在生命信息的精确传递。

不仅要"秘传"，而且还要慎传。因为《黄帝阴符经》"内之为修炼，外之为权谋"（汪绂语），"其言洞察精微，极天人之蕴奥。帝王得之以御世，老氏得之以养生，兵家得之以制胜，术家得之以成变化而行鬼神，纵横家得之以股掌人群，低昂付变。"（吕坤语）

"传之非人"的后果，还可能祸及自身。紫阳真人张伯端在《悟真篇·后序》中写道:"伯端向己酉岁于成都遇师,授以丹法,自后三传非人,三遭祸患,皆不愈两旬。"《黄帝阴符经》也有"君子得之因躬,小人得之轻命"之语。这在历代《黄帝阴符经》注本中有很多次提及,如《阴符经三皇玉诀序》告诫说:"如后人获遇此经者,不得轻泄不信之人。若传下愚之人者,堕九玄七祖入轮回,永不得出期,后殃及子孙也。"李筌在所著《黄帝阴符经疏》的序中加以强调:"九窍四肢不具,悭贪、愚痴、风痫、狂诳者,并不得闻。如传同好,必清斋三日,不择卑幼,但有本者为师,不得以富贵为重、贫贱为轻,违者夺二十纪。"

在白玉蟾之前,南宗四代基本上都是秘密的传播,与禅宗六祖慧能之前的一对一衣钵单传相同。同样,《黄帝阴符经》在盛唐之前一直是口口相传,只在师徒之间秘传。即使到了近代,同样也是隐学。清末光禄大夫、建威将军刘光才在所著《阴符经注释》的序中说："《阴符经》一书，读者绝少，或以为怪诞之语，或以为深险之文，将信将疑，非若《老》《庄》之脍炙人口。不知是经名言奥旨，包括天人，内圣外王，实与《道德经》《南华经》同一功用。唯好学深思之士，方能究其指归。"并赞为："开上古文字之祖，为万世道学之宗，如宫墙万仞，非流俗所能窥其一二也。"明代陈楚良（益元道人）在所著《黄帝阴符经阐秘》中说："此诚万劫难闻之秘也，惟圣人能知之修之。"

现如今，《阴符经》似乎又回复到师徒之间或是道众内部秘传的状态。

历代名流学者，根据著作与历史条件，内容与风格，站在学术研究立场上分析此书，认为其成于周初、春秋战国或汉晋等朝代的黄老学派之手，判断各异。《黄帝阴符经》是由唐代道士李筌在河南嵩山的一个山洞中发现的，此后才传抄流行于世。李筌在所著《黄帝阴符经疏》的序中称:"少室山达观子李筌,好神仙之道,常历名山,博采方术。至嵩山虎口岩石壁中,得阴符本,绢素书,朱漆轴,以绛缯缄之。封云:魏真君二年七月七日上清道士寇谦之藏诸名山,用传同好。其本糜烂,应乎灰灭。筌略抄记,虽诵在口,竟不能晓其义理。"在序中,李筌又用了很长的文字讲述了他获得《黄帝阴符经》之后有如神话的经历。因此,宋代以来学者始对此书作者及产生年代不断提出质疑,黄庭坚、朱熹等更认为《阴符经》是李筌假托黄帝之名自造。黄庭坚,北宋著名文学家、书法家,《山谷题跋》是他的书学之大作,卷四中说:"《阴符经》出于唐李筌,读其文知非黄帝书也。"南宋时期理学家朱熹在其所著《阴符经考异》的序中表达了同样质疑:"或曰此书即筌之所为,得于石室者伪也。"

李筌虽生卒年不详,但大致可以确定他是盛唐(公元六五〇至七五三年)或中唐(公元七六六至八三五年）时期人，将《黄帝阴符经》定为李筌伪作证据并不十分确凿。《艺文类聚》是初唐著名文学家、书法家欧阳询等十余人于武德七年（公元六二四年）编纂而成的一部综合性类书，该书是中国现存最早的一部完整的官修类书，它保存了中国唐代以前丰富的文献资料，尤其是许多诗文歌赋等文学作品。《艺文类聚》便引用"阴符曰：火生于木，祸发必克"的句子。南宋岳珂是岳飞之孙，岳霖之子，南宋文学家，邺侯、权户部尚书，撰有传本《宝真斋法书赞》。此为岳霖、岳珂两代先后收藏所得的名家法帖，也录有《欧阳询帖》，末行题《黄帝阴符经》，岳珂还写有《欧阳询阴符经帖赞》："内史书如率令，善奴秀比官奴。千古会稽楷则，于今重见阴符。"褚遂良，生于隋朝，后归顺唐朝，是初唐时期的政治家、书法家，现存有他的《阴符经》楷书大字写本，收入南宋大臣、文学家楼钥《攻媿集》卷七。所以在李筌前，至少在唐初便已有《黄帝阴符经》传出，只是传本极少，藏之甚秘而已。

《阴符经考异》序中有"河南邵氏以为战国时书，程子以为非商末即周末"的说法；清代姚际恒、全祖望等学者直接认为是南北朝时期寇谦之伪托之作；清末的余嘉锡在《四库提要辨证》还提出杨羲等道士是作者的说法。当代道学权威萧天石先生在其主编的《道藏精华》中说："为黄帝轩辕氏所传，又谓崆峒广成子之言。世间亦疑为后人假托，莫衷一是，难为定案，细察之其为先秦以前书，乃太上之金言，则无可置疑也。"还有传为"百家宗师"太公（吕尚）所作，这个说法主要来源于司马迁《史记·苏秦列传》记载："得周书阴符，伏而读之。期年以出揣摩。"说苏秦在秦国自荐失败回家以后，关起门来，苦苦再来用功读书，读的是太公所传的《阴符经》，因而从掌握天机到终于掌握六国相印。

由于《史记》的影响，民间关于《黄帝阴符经》的流传变成了：轩辕黄帝成书后，辗转流传于商周姜太公，战国流传于鬼谷子，鬼谷子传苏秦、张良。因这些纵横捭阖的智慧人物原因，传说愈演愈盛，学政治的，学军事的，学谋略的，学商业的，学神仙道术的，很多人都在找这本出过历史性的大风头、有旋乾转坤之能的神秘奇书。

一部千古奇书，一本来历不明的典籍，关于《黄帝阴符经》的作者，目前虽无定论；但既然题名《黄帝阴符经》，一般认为与中华文明的始祖黄帝有着三种关系：

一、《黄帝阴符经》受之于广成子。

元代全真七子之刘处玄（长生子）在所著《黄帝阴符经注》的"范怿德裕序"中说："《阴符真经》三百余字，言简而意详，文深而事备，天地生杀之机，阴阳造化之理，妙用争功，包涵总括，尽在其中矣，昔轩辕皇帝万机之暇，渊默冲虚，获遇真经，就崆峒山而问天真皇人、广成先生，得其真趣，勤而行之，一旦鼎湖乘飞龙而登天，斯文遂传于世。"

元末明初道人王道渊（混然子），在《黄帝阴符经注夹颂解注》中说："天法人，人法天，阴符之所以作也。昔黄帝慕道恳切，故往崆峒山拜广成子而问至道，授以返还长生之诀。后于峨眉山又拜皇人，授以五芽三一之文，秘而修之而登上仙。忧道后世恐失其真，遂述《阴符经》三篇，分为上、中、下，以按三才而明精气神，各有极趣之妙。"

明末道人石和阳（嵩隐子）在所著《阴符经注》的序中说："胡神君名曰黄帝，轩辕者，惜拜广成子，于崆峒之山，得形神俱妙之理，阴阳消长之迹后，修炼于洞庭之野，彰显池之约，九凤来鸣，蛟龙起舞而飞腾海岛，以功成之日，刘以法言，名曰阴符。"

清代著名道士闵小艮（懒云子）在《阴符经玄解正义》中称："先师太虚翁遗有泥丸李真人《三一音符》

一书。其后跋有曰：阴符一经为崆峒授受之文，不得口传，无由心领"。此"崆峒授受"，即指黄帝问道于广成子的故事。

二、《黄帝阴符经》受之西王母、玄女、元女。

北宋黄居真在所著《黄帝阴符经注》的序中说："此西王母所以阐扬道枢，丁宁详复为黄帝言之也。"

保存在《云笈七签》里的《轩辕本纪》中说："玄女传《阴符经》三百言，帝观之十旬，讨伏蚩尤。"

北宋皇家赐紫道士蹇昌辰在所著《黄帝阴符经解》的序中说："黄帝始祖，道家者流，欲广真风，得元女三百余言，复系以一百余字，综合万化之机，权统群灵之妙，藏微隐妙，赅天括地，其经简，其意深，理归于自得者也。"

南宋著名目录学家、藏书家晁公武在所著的《阴符经》提要中说："右唐少室山布衣李筌云：《阴符经》者，黄帝之书。或曰受之于广成子或曰受之玄女。或曰黄帝与风后、玉女论阴阳六甲，退而自著其书。"

三、较为主流的看法是《黄帝阴符经》为黄帝所著，或将授受的悟道之心得口传，后人凭师传而笔录。

唐代张果在其所著《黄帝阴符经注》的序中说："《阴符》自黄帝有之，盖圣人体天用道之机也。"

北宋任照一在其所著《黄帝阴符经注解》中说："阴者暗也，符者合也，故天道显而彰乎大理，人道通乎妙而不知，是以黄帝修《阴符经》，以明天道与人道，有暗合大理之妙，故谓之阴符焉。"

北宋袁淑真在其所著《黄帝阴符经集解》的序中说："黄帝智穷恍惚，思想窈冥，辨天人合变之机，演阴阳动静之妙，经云：知之修炼，谓之圣人。所以黄帝得之以登云天，信其明矣。黄帝阐弘道义，务救世人，诚恐后来昧于修习，乃简集其要三百余言，洞启其源，传示于世。"

清代高道刘一明（悟元子）在《阴符经注序》中

说:"丹经子书,俱谓阴符经系黄帝所作,考之文字,始于黄帝,兴于唐虞夏商,或者黄帝撰作,口口相传,不记文字,后世成真仙侣,笔之于书,流传世间,亦未可定。"

明代王文禄(沂阳子)在其所著《阴符经疏略》的序中说:"永微五年,敕褚遂良写一百二十卷。予因疏而深讨之,始信非黄帝不能撰也。"

杨文会,中国近代著名佛学家,门下俊才有谭嗣同、章太炎等,独以佛法释《阴符经》,即《阴符经发隐》:"统观经书,非大圣不能作。上古鸿荒未辟,文教之兴,始于黄帝,故老、列、庄所引用者,多黄帝之言。此经,无论何人所传,其微言奥义,必出于黄帝,故以题黄帝作为正。"

清末画家尹乾秀在其所著《阴符经解义》的《后序》中说:"《阴符经》,天书也。黄帝战蚩尤于涿鹿,感天神而授此书,凡三百三十有三言,求真于洞天,问道于崆峒，得明经义。分为上、中、下三篇，帝后续一篇，百一十有四言。"

黄元炳，清末民国易学家，著有《阴符经真诠》，广搜诸子及历来注释家之言，为之引申其文，使之浅显易晓，是历代注本比较独特的。其在自序中说："而佛家、道家、兵家亦未尝不可读《阴符》以自广。《阴符》盖黄帝所传书也。"

清代名医徐大椿在其所著《阴符经注》的序中说："至其书之所由来，或以为本于黄帝，或以为出自战国，或以为唐李筌所伪托，皆不可得而知。其博奥精深，非得黄老之精髓者不能撰。师其意者，养生保命，治国用兵，无所不通。必指为何人所作，皆臆说也。"

中国道教协会前任会长任法融在其所著的《黄帝阴符经考》中认为："有关黄帝及黄帝的《阴符经》等六十余种著作全非原著，但并非全是后人假黄帝之实，借黄帝之名为了表达自己的观点，自著其书，而是在黄帝思想的基础上始创，随着历史的发展而逐渐完善所形成的。总之，这些博大精深、有益于人类的著作，实为中华民族始祖——黄帝拓殖创造之功。"

《黄帝阴符经注》与《黄帝九鼎神丹经》《黄帝内经》一样，多与黄帝问道、悟道所得有关，有一些还是由黄帝亲自委托当时堪称帝师的大臣们主持编撰的，如岐伯、雷公、风后、容成等，都是当时帝师重臣，对中华文明的传承功不可没。黄帝，作为中华文明始祖，其"名"已成为一种标志性符号或文化意象，故不必囿于一人，而其意，则主要在于"道统"之薪火相传。

《黄帝阴符经》的传本不同，主要表现在经文长短即字数多少的不同，近人简称"三百字本"和"四百字本"。目前能看到的最早的两个传本"李筌传本"和"张果传本"，就分别是三百多字和四百多字，这两个接近同时代的版本竟然都会有如此大的差别，后代越来越多的不同也就不足为怪了。当然，也有可能是"张果传本"在流传过程有所窜入。不过，从唐代到清代，文人墨客、诸子史家多是略称其为"三百言"。

晚唐诗人陆龟蒙《读〈阴符经〉寄鹿门子》诗中写道："清晨整冠坐，朗咏三百言。备识天地意，献词犯乾坤。"鹿门子是他的好友诗人皮日休的道号，皮日休回写给陆龟蒙（字鲁望）的和诗《奉和鲁望读阴符经见寄》中写道："三百八十言，出自伊祈氏。上以生神仙，次云立仁义。"明确可见那时的人所读的版本是"三百字本"。清代思想家、诗人龚自珍在所著《己亥杂诗》中第八十七首，表达对旧交老友林则徐禁烟斗争的寄托："故人横海拜将军，侧立南天未蒇勋。我有阴符三百字，蜡丸难寄惜雄文。"

在流传的过程中，人们为了利于表达，把所谓"李筌传本"的文字和所谓"张果传本"做了一个极为生硬的区别，硬生生地将"李筌传本"结束句定为"愚人以天地文理圣，我以时物文理哲"，而不顾后面尚存"七十言"，将后面的文字归属于所谓"张果传本"。再根据这个标志称呼"三百字本"或"四百字本"。当然，这是有一定根据的，是将现已不获的"骊山老姥本"混作了"李筌传本"。清末画家尹乾秀在《阴符经解义》的《后序》中认为："《阴符经》，天书也。黄帝战蚩尤于涿鹿，感天神而授此书，凡三百三十有三言，求真于洞天，问道于崆峒，得明经义。分为上、中、下三篇，帝后续一篇，百一十有四言。"相当于对"张果本"所多出来部分的来源作了看似合理的解释。

因此从清代始，少数注本以"愚人以天地文理圣，我以时物文理哲"句为前或后，把下面的文句单列为"后论"，比如理学大家、文渊阁大学士李光地所作的《阴符经注》，以及大学者汪绂所作的《读阴符经》。也有单列为"后篇"，比如清末画家尹乾秀所作的《阴符经解义》，似乎形成某种共识："李筌传本"加上了所谓的"后论"或"后篇"就是"张果传本"。

不同版本首先是经文长短与字数多少的不同,其次是编排形式的不同。从唐代李筌开始,或许因为他的影响,所以大多数版本分为"道、法、术"三个章篇来演绎,即"神仙抱一演道章、富国安民演法章、强兵战胜演术章"。但是与李筌约同时代的张果,也作过《黄帝阴符经注》,却没有采用这种"道、法、术"的分章方式,而是完全不分章篇。从目前的注本来分析,从明朝后期的焦竑《阴符经解》起,大多数注本都不列出道、法、术三个章名了,而是分成上、中、下三篇进行解说。

清代道教内丹西派李西月在所著《阴符经类解》的序中说:"黄帝以来,已隔数千余岁,后人不免生疑。筌遇骊山老姥,授以《阴符》玄义,戒筌曰:《阴符》三百余字,百言演道,百言演法,百言演术,参演其三,混而为一。上有神仙抱一之道,中有富国安民之法，下有强兵战胜之术，非虚语也。夫上、中、下者，非言三篇之名，乃言三等之义耳。"他所注解的版本干脆连上、中、下都不分了。

似乎这是另一个逐渐形成的共识，以至于有一些注本完全不作任何形式的分篇了，这是明、清两代开始的现象。比如，中国明代戏曲家、文学家，世界戏剧艺术珍品《牡丹亭》的作者汤显祖所著的《阴符经解》，以及庄元臣所著的《阴符经注解》，吴如愚所著的《阴符经解》，乔中和所著的《阴符经注》，苍厓氏所著的《黄帝阴符经注》，姜任修所著的《阴符经口义》，等等。

但是，在这种不分篇现象的同时，却有两个注本完全不按上述分法，将《黄帝阴符经》分成了十二章及十六章，分别是石和阳所著的《阴符经注》和董德宁所著的《黄帝阴符经本义》，倒是别开生面，想是为了便于我们去阅读和理解。巧的是，这两个人都是道士，一个号嵩隐子，另一个号元真子。这种分法可能是来自前辈道家的河上公的启发。河上公是西汉道家学者、隐士，其为《老子》作注的《河上公章句》共分成八十一章，在《道德经》注本中成书最早、流传最广、影响最大，这也是《道德经》常常被换称为"八十一章"的来源。

《阴符经》主要是依靠历代名家注释产生影响，除了"七人注本"中的伊尹、太公、范蠡、鬼谷子、张良、诸葛亮、李筌外，还有唐代高道张果、宋代大儒朱熹、明代大学者焦竑、明代大贤吕坤、清代名儒汪绂、理学大家李光地、佛学大师杨文会，以及道教内丹南宗、北宗、东派、西派、中派均对此深研与注释。有将此书进行道家、兵家、儒家、理学甚至佛禅解读，其注释有上百种之多，各言其是，可见其在中华文化和思想上的重要性。

主要的集注本有两个，一个就是前述的"七家注本"，即明代《正统道藏》里的《黄帝阴符经集注》，另一个是《黄帝阴符经集解》，原题赤松子等十真人撰，分别为赤松子、子房真人张良、太极左仙、翁葛玄、西山真人许逊、正阳真人锺离权、纯阳真人吕严、华阳真人、施肩吾、至一真人崔明公、海蟾真人刘玄英、清虚真人曹道冲，附有大量的颂词与诗词，别有特色。

"七家注本"中李筌的注释开辟了新的风格，他的注释，"不仅解说明白，而且引经据典，利用古代文献和历史故事进行说理。"（引自中华书局《阴符经集成》前言）我们选择了"七家注本"（取《正统道藏》本为底本，校以《四库全书》本）进行注释、译文和解读，并研究与参考了其他五十余部历史名家的注本，不揣浅陋，冒昧期望能够给更多精英带来方便与启发。

清末学者黄元炳在其所著《阴符经真诠》的序中虽认定"七家注本"为托伪之作，但却在一定程度上继承了李筌的注释风格，且是一个集大成之作，汇编了大量前人文献进行注释，并增加了一篇独特的《引申篇》，对原文的理解极为助益，特附于后。

上篇

神仙抱一演道章

观¹天之道，执²天之行，尽矣。故天有五贼³，见之者昌⁴。

注释 1 观：观察，洞察，体悟。

2 执：按照，执行。

3 贼：损害，偷取。

4 见：察觉，发现。昌：兴旺，成功，精进，昌明。

译文 观察自然的运行，体悟世界的本源，按照大自然运行的规律去行事，就能尽得其妙。大自然包含着五种基本物质，若洞察了这些物质的偷取属性，就会兴旺昌明。

注评 太公曰：其一贼命，其次贼物，其次贼时，其次贼功，其次贼神。贼命以一消，天下用之以味。贼物以一急，天下用之以利。贼时以一信，天下用之以反。贼功以一恩，天下用之以怨。贼神以一验，天下用之以小大。

姜太公像

鬼谷子曰：天之五贼，莫若贼神。此大而彼小，以小而取大。天地莫之能神，而况于人乎！

笺曰：黄帝得贼命之机，白日上升。殷周得贼神之验，以小灭大。管仲得贼时之信，九合诸侯。范蠡得贼物之急，而霸南越。张良得贼功之恩，而败强楚。

解读 注评中的"太公",指的是"姜太公",商末周初,政治家、军事家、韬略家,周朝开国元勋,兵学奠基人。

注评中的"鬼谷子",即王诩,战国时代传奇人物。著名谋略家、纵横家的鼻祖,兵法集大成者,诸子百家之纵横家创始人。

注评中的"荃",即唐朝人"李荃",道家思想理论家,政治军事理论家,隐士。号达观子,唐陇西(今甘肃境内)人。

此句是《阴符经》的纲要。若把这句话真正悟透了,整个《阴符经》就不需要讲了,所以说:"尽矣"——足够了!

董仲舒创建了"天人感应"思想学说,在对汉武帝策问中说:"天者,万物之祖,万物非天不生","故圣人法天而立道"。司马迁所著的《史记》中说:"夫天者,人之始也;父母者,人之本也。"郭

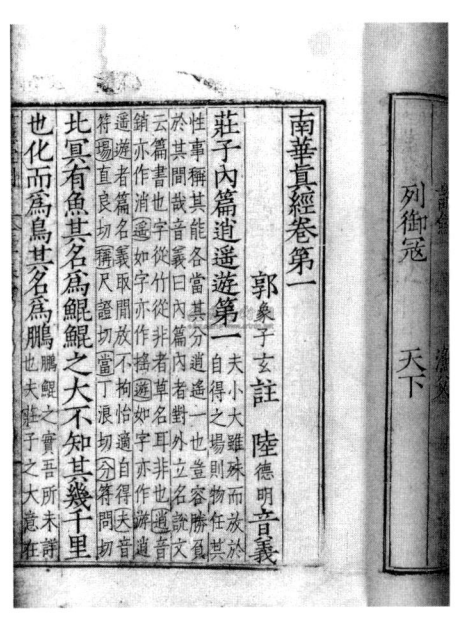

明世德堂刊本郭象注《南华真经》书影

象,西晋玄学大师,他所注《庄子》是中国历朝历代的标准注解,因庄子经常使用"天"来代替老子的"道",郭象注曰:"天者,自然之谓也。"所以中国文化人把宇宙的最高存在称为道,而老百姓则称之为天,常常说"老天""苍天"。

我们不是天文学家，或天文爱好者，搜寻新星的闪光，追寻流星的滑落。我们也不是农民，看天吃饭，决定明天的作息，判断当年的收成。天地是个大宇宙，天圆地方，承载的是所有人；我们每一个人都是一个小宇宙，头圆脚方，担负的是自己这百八十斤。所以我们观天就是观自己，观的是自己大脑的念头，观的是星星般繁多的念头，云彩般阴晴不定的动机。

我们不向外看，而向内看，叫内观，也叫返观。这一观，才明白了自己是谁。我们难的不是看清别人，我们最难的是明白自己。我们花太多的工夫去揣摩别人，我们从不花时间去洞察自己。

老子说："自知者明，知人者智。"先有明，后有智；没有明，哪有智？天天讲智慧，不过依然落入精明而已。如何才能内观、返观呢？靠的是觉知能力，或叫觉察力。若能时刻都保持在这个内在的力里面，就像我们无时无刻不在外在的万有引力里一样，终究会有一天明心见性，得道成真。道之始终，全在内观。

观天道，是知阴阳；知人道，是有明智。所作所为都在"道上"。只要在道上，所作所为，都是在做老天让你做的，所以"执天之行"就是"替天行道"，方能达到像孔子所说的"随心所欲，不逾矩"的境界。

所以啊，人生不要在路上，在路上就叫奔波，不得解脱，世间所说的成功就是在路上；人生要在道上，在道上就叫自在，可得洒脱，世间所传的成就才真是在道上。所以，我们讲佛陀，讲他是大成就者，而不是大成功者。

有人说，我这一辈子恐怕是没有这个机缘了。这个念头就是自暴自弃，不在道上啦。这个念头一起，就要问一问自己，为什么会有这个念头？你逃避的是什么？放弃的又是什么呢？孔子说："见贤思齐焉，见不贤而内自省也。""朝闻道，夕死可矣。"中国的圣贤之人，一辈子追求的就是在道上。

在隋唐之前，无论道教还是佛教里的人都叫"道士"，为什么呢？《太霄琅书经》说："人行大道，号为道士。身心顺理，唯道是从，从道为事，故称道士。"从这个解释来看，道士是一个广泛的概念，只要以道为信仰的人，都

《洞真太上太霄琅书》书影

可以叫道士。"道"是中国文化的核心概念，为诸子百家所沿用，甚至连外来的佛家也不例外。最早引入中国的佛经《佛说四十二章经》说："世尊成道已。作是思惟。离欲寂静。是最为胜。住大禅定。降诸魔道。""博闻爱道，道必难会。守志奉道，其道甚大。""沙门行道，无如磨牛。身虽行道，心道

不行。心道若行，何用行道？"后世的佛经翻译，为了跟道家有所区别，才有意识地抛弃了"道"的概念，变成了音译的"阿耨多罗三藐三菩提"。不仅如此，跟东方宗教体系完全两样的《圣经》也借用了"道"的概念，说："太初有道，道与神同在，道就是神。"

贼，这个词有些刺激，看起来也不美，黄帝用这个词来表达天道的性质，非常贴合"阴"的内涵，表达了不知不觉的意思。这个词用的真是别有用心，煞费苦心，提醒我们小心——黄帝他就像一个父亲。

目前，所能找到的《黄帝阴符经》注本中，只有最早期的"七人注本"和张果注本（这两个注本是同一时代的）把"五贼"解释成"命、物、时、功、神"五种道术，也就是大自然变化归纳的五种客观规律（这五个概念可以参照"注评"中太公、鬼谷子、李筌的阐述去理解），其后的注本基本上都解释成"五行"。这样的好处是，人们更容易理解"五贼"，并把这种理解应用在日常生活当中。

五行的概念成为了中国古代哲学中的一种普及的系统观，广泛用于中医、堪舆、命理、相术和占卜等方面。五行的意义包含着阴阳演变过程的五种基本动态、五种基本走势、五种运动方式。五行就像天生的五个儿子，各有各的长相，哪怕有几分相同，也各有各的禀性，从他们身上能更好地理解他们的老爸。

我们的先贤用五行理论不但将宇宙万物进行了分类，而且对每类的性质与特征都做了界定，并以此来说明万事万物的形成及其相互关系。后人根据对五行的认识，又创造了"五行生克"理论。这对中国科学事业的发展有极为重大的促进作用。有人说中国古代只有五行，而没有科学，真是瞪着眼睛说瞎话。所谓科学不过证明了"五行"学说的先进性而已。先进，就是走在前面嘛。

为什么叫"五行"？"行"就是运行，一种固有的规则和持续的运动，是一种自然的作为。我们在日常生活也

五行生克

经常说："行不行？""行！"实际上，说的就是在道上，而不在道上，就叫"不行"！行不通嘛。东汉大儒郑玄，他为"五行"注曰："行者，顺天行气也。"这也是"观天之道，执天之行"的意思。大家可以想一想，为什么《西游记》里，孙悟空又叫孙行者？

讲到"五行生克"，大家都喜欢"生"，不喜欢"克"。好像被"克"是一件坏事。岂不知，都来"生"你，没有"克"你的，你岂不反天啦？

这样,"天有五贼",就好理解了,"天有五行"嘛。黄帝说了天上有"五贼",我们听懂了圣人之言,小心翼翼,走在道上,世界就会兴盛,人类就会发达,无论做什么事情都不会错。"见之者昌"的"见"字,不是看见的意思,而是"现",是发现的意思,是佛教《心经》所说的"照见"。看见是用眼睛,发现是用心。发现了,"五贼"才有可能为我所用,而不是"五贼"用我。

愚蠢的人,只能看见好处,看不见害处;智慧的人,看见了好处,即看见了害处。正如道教南丹祖师张伯端诗中所写:"先且观天明五贼,次须察地以安民。民安国富方求战,战罢方能见圣君。"

五贼在心，施¹行于天。宇宙²在乎手，万化生乎身³。

注释 1 施：施用，实行。

2 宇：四方上下，即空间。宙：古往今来，即时间。

3 身：亲自，本人。指我（《尔雅》曰："身，我也。"）。

译文 如果心中明白了大自然五种物质难以察觉的偷取属性，自己的行为就会遵循大自然的运行法则。则宇宙就能掌握，得心应手，社会变化就能顺应，天人合一。

注评 太公曰：圣人谓之五贼，天下谓之五德。人食五味而生，食五味而死，无有怨而弃之者也。

心之所味也亦然。

鬼谷子曰：贼命可以长生不死。黄帝以少女精气感之，时物亦然。且经冬之草，覆之而不死，露之即见伤，草木植性，尚犹如此，况人万物之灵，其机则少女以时。

广成子曰：以为积火焚五毒，五毒即五味，五味尽，可以长生也。

筌曰：人因五味而生，五味而死。五味各有所主，顺之则相生，逆之则相胜，久之则积气，熏蒸人，腐五脏，殆至灭亡。代人所以不能终其天年者，以其生生之厚矣。是以至道淡然，胎息无味。神仙之术百数，其要在抱一守中。少女之术百数，其要在还精采气。金丹之术百数，其要在神水华池。治国之术百数，其要在清净自化。用兵之术百数，其要在奇正权谋。此五事者。卷之藏于心，隐于神，施之弥于天，络于地，宇宙瞬息可在人之手，万物荣枯可生人之身。黄帝得之先固三宫，后治万国，鼎成而驭龙，上升于天也。

解读 注评中的"广成子"，相传是上古黄帝时候的道家人物，修行于崆峒山和神仙洞，黄帝听说后专程去拜访他，并拜广成子为师，问治国之术。

中国人文的源头之一是"羲黄"，"人"指的是伏羲和黄帝，"文"指的是"八卦"与"阴符"；另一个源头是"黄老"，"人"指的是黄帝和老子，"文"指的是"阴符"与"道德"。所以，伏羲和黄帝才被称为中华民族的人文始祖，而老子被称为道祖。

《阴符经》强调的是"五贼"，即"金""木""水""火""土"；而《道德经》突出的是"五德"，即"仁""义""礼""智""信"。这两者之间有什么区别吗？

古时候的皇帝如果是明君的话，也是很重视思想教育的。历史上有一个会议，叫"白虎观会议"。东汉建初四年，当时的皇帝章帝下诏，命令一大批将领、大夫、博士等会集到洛阳的白虎观。章帝亲

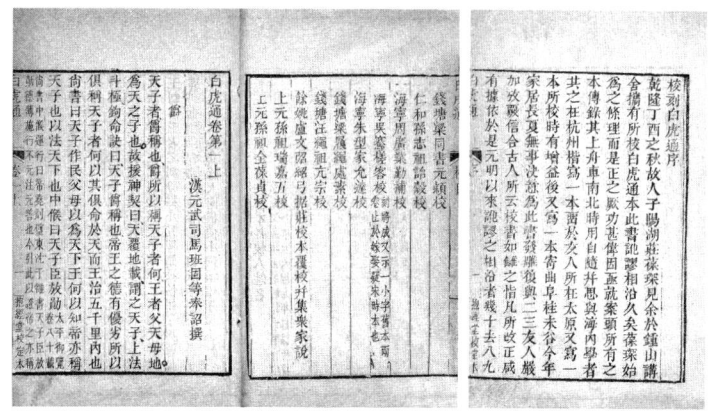

班固《白虎通》书影

临主持,跟大家讨论五经异同。讨论的结果后来由班固编成《白虎通》,作为官方钦定的经典公布。《白虎通·情性》里说:"五性者何?谓仁、义、礼、智、信也。"

既然人是小宇宙,于是天有五行,人有五性。人有五性,都在哪里呢?当然就在心里啦。清代的学者恽敬在《读〈大学〉二》中说:"人之心,五性主之,曰仁、曰义、曰礼、曰智、曰信。"按照《黄帝阴符经》的强调，五贼在天就是五行，即"金""木""水""火""土"；五贼在心即是五性，即"仁""义""礼""智""信"。《道德经》将它们称为"五德"，在"注评"中姜太公对此也作了相关阐述。

这真是岂有此理！仁、义、礼、智、信成了"五贼"？

"诗仙"李白写了一首千古名篇《将进酒》，里面有"君不见黄河之水天上来，奔流到海不复回。君不见高堂明镜悲白发，朝如青丝暮成雪"等诗句。他说"君不见"强调的是你看见了，但圣贤往往在你看见时，却强调你所没发现的。

老子的徒弟冲虚真人列子讲过一个故事：有一个傻瓜手上拿着一根点燃的蜡烛，在找准备煮饭的火。列子说，如果他知道火是什么，他一定能够早一点把饭煮好。但是他整个晚上都饿着肚子，因为他在找火，而他却找不到。

蜡烛就是火，不需要再拿着蜡烛去找。如果我们手上拿着蜡烛，继续找，那么即使找遍全世界，我们也无法找到火。因为我们就像这个傻瓜，不了解火是什么，一直在挨饿的匮乏之中。蜡烛就在我们面前，你自己拿在手中。

因此，黄帝强调"五贼"只是想提醒我们"识贼""防贼"和"抓贼"。君不见：仁，过了头，就是是愚蠢；义，过了头，就是刻意；礼，过了头，就是伪装；智，过了头，就是狡诈；信，过了头，就是固执。天有五贼，会害人；而心有五贼，也会害人。

当然，天之五贼，可以为我所施用；心之五贼，一样可以为我所施用。这便是"五贼在心，施行于天"。其能所施用者，即为"五德"。这就像是世界最高峰珠穆朗玛峰的南坡与北坡，都是可以用来攀登的，目的地都是顶峰。《黄帝阴符经》与《道德经》中的顶峰是"至静之道"。

如果要写一副对联的话，并从《黄帝阴符经》里直接寻找，没有比"宇宙在乎手，万化生乎身"更美、更大气、更体现东方智慧的超拔了。

整个西方近、现代最为主流的哲学思潮存在主义，群星闪耀数十人，浩浩荡荡一百多年，洋洋洒洒千万篇，只此这一句，就完全概括了。一九六四年获得诺贝尔文学奖的萨特是存在主义大师，他将"存在"分为了两种，一种是"自在的存在"，另一种是"自为的存在"。"自在的存在"是指除了人以外的世界，没有原因，没有目的，它是一片混沌的虚无；而"自为的存在"就是指人本身，萨特认为，"人，可以创造他自己"以及"人，是自己行动创造的本质"，这与中国的"天与人""道与德""无极与太极"的概念内涵很是类似。

虽然或吉或凶之结果皆由人我、物我、事我之间的生克关系而造成，但是，一主而百客，我为主，

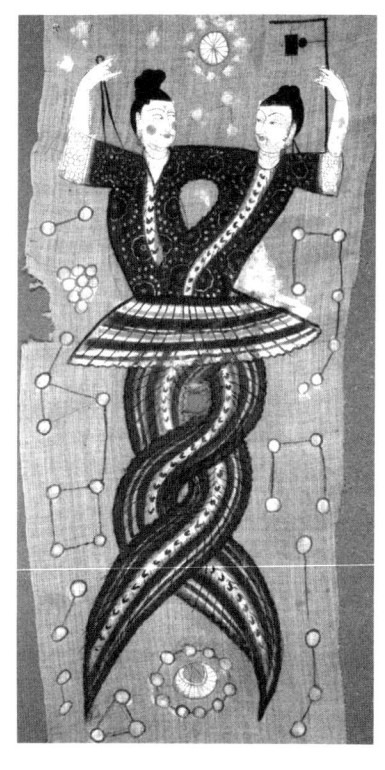

新疆出土的绢本设色
《伏羲女娲图》

万事万物为客。我们经常说"身手了得",就是"宇宙在乎手,万化生乎身"最好的解读。

伏羲、女娲都是华夏民族人文先始,在中国考古出土了大量的伏羲女娲图。伏羲手中拿的是"矩",女娲手中拿的是"规",两人将"规"和"矩"高举头顶,八千年前的中国人就可以拿"矩"和"规"把天地、阴阳、历法算出来,并且尽在掌握之中。同时,也告诉人类,男人拿"矩",要行方正之道；女人拿"规"，要行圆融之道。"规矩"后来引申为人间制度和为人处世的原则。

"宇宙在乎手，万化生乎身"这一句，总结了《黄帝阴符经》全部经义。这一句，也是修行人的方法论和价值观。这一句，也是大一统圣人治国安邦的枢纽与玄机。佛教所说："身中现刹，刹中现身。"也表达了相同的意思，但总没有这一句大气。孔子所说："化而裁之存乎变，推而行之存乎通。"表达了相同的意思，但总没有这一句美。

天性，人也。人心，机¹也。立²天之道，以定³人也。

> **注释** 1 机：时机，机动，机关，指关键。
>
> 2 立：确立，树立，遵循。
>
> 3 定：确定，安定，规范。
>
> **译文** 大自然的本质属性决定了人的本质属性，但人的心理受环境的影响而时时刻刻都在变动，但不论怎么变动，人心都是起决定性的。因此，确立并遵循大自然的规则，才可安定和规范人性。
>
> **注评** 亮曰：以为立天定人，其在于五贼。
>
> **解读** 注评中的"亮"，即诸葛亮，三国时期蜀

汉丞相，中国古代杰出的政治家、军事家、发明家、文学家。

天性是人，但人心不是人。

人三岁以前，是一个赤子，还没有心；三岁以后，多了一颗心，开始远离天真，就越来越不是人啦！所谓修行，就是返回，把心修回到赤子状态。

中国先贤中有两个伟大的人，若不是他们从两头各论各的，而是合在一起，就把《阴符经》的含义表达完整了。这两个人，一位是荀子，他讲"性恶论"，即人太"贼"了；另一位是孟子，他讲"性善论"，即人不"贼"。只是他们各讲各的话，各写各的书。所以在周朝衰亡之际，看似百家争鸣，热闹异常，庄子却发出了千古绝唱："道术将为天下裂。"

"人心，机也。"人心之动，有善有恶，有生有杀，所以称之为"机"。这个"机"的属性还是"贼"，不易被觉察，不易被定性，却尤为关键。如果动了善机,天下的善都跑来了;如果动了恶机,天下的恶也会都跑过来;如果动了生机,万物都会得生;如果动了杀机,万物都会得死。

道教全真派丘处机行了三万五千里,动了生机,以止成吉思汗的杀机。

人心思动,不是因天之五贼,而是由心之五贼

明金陵大业堂刻本《西游记》书影

所引发的。所以，心性若大定，即为长生不老。正所谓：定心生，神通起。

孙悟空，没有跟着唐僧去西天取经之前，就被压在五行山下。不是五指山，是五行山哦。他内心的五贼暂时被压制而已，却没有被定住。他被唐僧从五行山下放出来，还是没有定住，只能带上了约束心性的"紧箍咒"，到最终成佛才真正定住。

这便是"立天之道，以定人也"。我们经常说一个人定力不够，意思是说他很容易受到诱惑，朝三暮四，变成了猴子；或者左右摇摆，快成比萨斜塔了。对于老百姓来说，家就是天，来了第三者，就是要变天了。所以，夫也好，妻也好，心就慌了，就要动了。这样动起来，也不知是好还是坏。

《黄帝阴符经》告诉我们，圣人不动，君子慎动，小人乱动。儒家讲"家国同构"，道家讲"身国同构"。不管怎样说，人要定，家要定，国也要定。

天发杀机[1],龙蛇[2]起陆。人发杀机,天地反覆[3]。

注释 1 杀机:变异,异常,战斗。

2 龙蛇:指非常人物。

3 反覆:紊乱,动乱,指巨大变革。

译文 大自然的运行发生异常时,那些平时隐匿的龙蛇就会纷纷出动。人群的活动发生异常现象时,社会就会出现动乱状况,甚至巨大变革。

注评 范曰:昔伊尹佐殷,发天杀之机,克夏之命尽,而事应之,故有东征西夷怨,南征北狄怨。

太公曰:不耕,三年大旱;不凿,十年地坏。

杀人过万,大风暴起。

亮曰:按楚杀汉兵数万,大风杳冥昼晦,有若天地反覆。

解读 注评中的"范",即范蠡,春秋末期政治家、军事家、谋略家、经济学家和道家学者,越国相国、上将军。曾献策扶助越王勾践复国,兴越灭吴,后隐去。

龙与蛇代表着潜藏之物,隐蔽之事,叵测之人。它们蛰伏已久了。飞龙见首不见尾,至今只闻其声,却无处可寻;长虫、短虫平时见人就躲,在看不见的世界,不露声色。不像豺狼虎豹,耀武扬威,结果都进了动物园成为濒危物种。

五行相生相克,也是互相之间你生我,我杀你,交替运行。老天发了杀机,说明它已经等了很久了,就像火山、地震的爆发一样。但这个杀机一起,不论是过江龙,还是地头蛇都会闻风而起,伺机而动。

这并不是龙与蛇自己的杀机,它们只是顺天应时,不失其宜而已。

这样,我们就更能理解历史朝代的兴替,以及造成这个结果的大大小小的事变啦!刘邦当年,虽然只是一个小小的乡级干部,看着风起云涌,天下有此乱象,也想起事,但一直犹犹豫豫。直到有一天晚上,刘邦喝得有点高,在回家的时候,一条白色的大蛇当

刘邦斩白蛇

道,仗着酒胆酒劲拔剑而斩,举旗造反。龙蛇起陆,这里白蛇是一个非常明确的象征(据传,这条白蛇转世成为王莽,因果相报,篡夺了刘氏天下,这是后话)。

如果,今天有谁杀了人,等待他的只有杀人偿命。但是,在战争期间,杀死了敌人,升官反而更快。当年春秋末期,在秦国不就是靠这一条,平民才能升官嘛,最后秦国变成了第一强国。这也是鬼谷子的徒弟商鞅搞出来的把戏。但他也没搞好,搞过头了,最后把自己给搞进去了。

所以,人发杀机,如果不是顺天应时的话,倒霉的只能是自己。王莽没

王莽像

有领会《周易》的精髓，只照猫画虎"周礼"，造成了经济混乱和政治不安，给人民带来了更大的灾难和痛苦，竟致被一位商贩所杀，毁了一世英名。商鞅没有吸收到老师鬼谷子的智慧，在被人诬告说他想造反时，竟然真的起兵了，成为有历史记载的第一个被五马分尸的人，还连累九族被灭。秦始皇老娘赵姬的男宠嫪毐受秦国丞相吕不韦之托，假扮宦官进宫，与秦王嬴政之母太后赵姬私通，倍受太后宠信，被封为长信侯，与太后私生两子，并自称为秦王嬴政的"假父"。后来被人告发，发动叛乱失败而成为又一个被五马分尸的人。

我们可以想象一下，天跑到了下面，地跑到了上面，世界会怎样？王莽的下场，商鞅的下场，还有后来嫪毐的下场都是妄动杀机而导致的。

"天地反覆"只是说明因为这个杀机一起，动静实在太大啦，甚至会有战争，战争之后必然就有瘟疫与灾荒。但并不就是说，天地反覆，一定就结局不好。要想有一个好结局，按范蠡在"注评"中的说法，人发杀机要发天之杀机，那就是"天人合发"。很多人是时代推出的，如陈胜、吴广等农民起义领袖人物，就是历史发展到这个节点正好需要这个人，这个人就应运而生，形势之必然也。

天人合发，万变定基①。

注释 1 基：基础，归宿。

译文 如果人能顺应自然，与其和谐相处，则是一切事变可以安定的基础。

注评 良曰：从此一信，而万信生，故为万变定基矣。

筌曰：大荒大乱，兵水旱蝗，是天杀机也。虞舜陶甄，夏禹拯骸，殷系夏台，周囚羑里，汉祖亭长，魏武乞丐，俱非王者之位，乘天杀之机也，起陆而帝。君子在野，小人在位，权臣擅威，百姓思乱，人杀机也。成汤放桀，周武伐纣，项籍斩嬴婴，魏废刘协，是乘人杀之机也。覆贵为贱，反贱为贵，有若天地反覆。天人之机合发，成败之理宜然，万变千化，圣人因之而定基业也。

解读 注评中的"良"，即张良，秦末汉初杰出谋臣，西汉开国功臣，政治家，与韩信、萧何并称为"汉初三杰"。

按道家的说法，天机、人机相合，就是道机。此时，一切变化，自然而定，绝非人为。此时，一切都消停了，或走向消停。此时，大局已定，阴阳和合。此时，按《中庸》的说法，即所谓"致中和，天地位焉，万物育焉"。此时，按内丹家的说法，人心若与天心合，颠倒阴阳只片时。

不论是刘备，还是曹操，一个打着光复汉室大旗，一个挟天子以令诸侯，都是想得天下人的支持。对他们来说，天下人就是天。所以，他们称王称霸的杀机，如果是响应老天的指示，就意味着与老天的杀机合而为一，也就是说，天时与人事合而为一。

这里有一个很大的疑问：我的杀机是我的，还是响应老天的？

唐玄宗时期著名道士张果所著述的《黄帝阴符经注》中有一个答案可供大家参考："有德者万化而愈盛，以至于王；无德者万变而愈衰，以至于亡。"这里又产生了另一个很大的疑问：什么叫有德者，什么又叫无德者呢？庄子有一个答案可供大家参考："死生无变于己，而况利害之端乎？"就是说，如果是从个人的利害出发，就叫无德者；相反，从大众的利害出发，就是有德者。因此，生与死都无法改变他的立场，他只为人民服务！为天下苍生谋福利！

性有巧拙[1],可以伏藏[2]。

注释 1 巧:灵敏,雕饰。拙:笨拙,朴素。
2 伏:潜伏。藏:隐藏。

译文 人虽有巧有拙,但不要显露出来,要善于隐藏。

注评 良曰:圣人见其巧拙,彼此不利者,其计在心。彼此利者,圣哲英雄道焉,况用兵之务哉?

筌曰:中欲不出谓之启,外邪不入谓之闭,外闭内启,是其机也。难知如阴,不动如山。巧拙之性,使人无间而得窥也。

解读 "诗王"白居易诗中曾写过:"所禀有巧拙,不可改者性。所赋有厚薄,不可移者命。"其意与"性有巧拙"颇为一致。宋太宗写过好多首涉及"巧、拙"的诗,其中一首:"我说逍遥理,其如要妙深。悟来时顷刻,迷者岂通寻。达即随情遣,真缘不可侵。从来皆是事,巧拙在人心。"也是将"巧、拙"平等看待。

或许自黄庭坚《拙轩颂》里写到"弄巧成拙,为蛇画足"后,弄巧成拙这一含贬义的成语广为人知,世人开始喜欢装傻,反而导致了很多弄拙反巧。因此,大家对"巧、拙"进行反思。宋太宗还写过:"伏藏终不见,巧拙是兼非。至道光怀古,周通隐圣机。清天何物性,浊地故相依。修炼真堪惜,疏慵有顺违。"

大诗人陆游也写道:"世间巧拙亦何施?万事难禁岁月移。迟死几时天有意,要令自悟不须师。"

宋嘉定七年状元袁甫，官至兵部侍郎，兼吏部尚书，更是视巧为恶，他在《赠韩拙堂》诗中淋漓尽致地写道："世所谓巧，请为翁说。巧于利口，佞辞河决。何如吉人，其言呐呐。巧于附势，炙手可热。何如节士，刚肠若铁。巧于营生，百计渔夺。何如儒家，冷淡生活。拙反为巧，巧乃大拙。蓦然猛省，比论示彻。本无巧拙，奚较优劣。大道融融，旷兮太空。"

西藏的原始苯教和藏传佛教徒在他们信仰的宗教受到劫难时藏匿起来，日后重新挖掘出来的经典，被称为伏藏，分为书藏、圣物藏和识藏，伏藏后世被发展成为了一种非常奇妙的佛法传承方式。所以，我们总是能在某个地点发掘出佛教宝藏，比如敦煌的藏经洞不计其数的经卷，西安法门寺的佛指舍利连同数千件稀世珍宝等。因此看出，伏藏是一种主动选择，把人性中的巧拙像宝物一样暂时埋藏于地下。

现在,我们讲一个《三国演义》里"煮酒论英雄"的故事吧。

有一天,刘备正在后园子里种豆浇水时,被曹操请去喝青梅煮的酒。

此时曹操正为了官渡大战,需要整合实力,团结一切可以团结的力量。曹操还摸不清刘备的底细,但是他也看出刘备此人绝非池中之物,于是就假意和他友好,出双入对,实则是通过不断接触,想要摸清楚刘备的底细而已。

刘备,势单力薄,被迫寄居人下,但毕竟是人中龙凤,不管曹操怎样探寻,刘备一直深藏不露,于是曹操就准备了这次宴会。

曹操像

在酒席上，曹操先是问刘备天下谁是英雄，刘备从张三说到了李四，绕圈圈，捣浆糊，都被曹操一一否定。最后曹操先以手指刘备，后又自指，说："今天下英雄，惟使君与操耳！"刘备大吃了一惊，手里的筷子不觉落于地下。

这是一个关于"伏藏"的故事。自此之后，刘备知道他再也藏不住自己的野心，再一次踏上了四处辗转的征程，等待时机。

所谓伏藏，不过是等待而已，就像我们黑夜睡觉，就是为了等待白天的到来。

北方人，现在流行在冬天到海南去，过了冬天再回到北方，这种现象，东北尤其突出，却不知对自己的身体人为地造成了某种损耗。《黄帝内经》说："天有四时五行，以生长收藏，以生寒暑燥湿风。"四季鲜明的北方，只有冬天的伏藏，使能量不再生发，而是开始积蓄，接下来，才有春之生，夏之长，秋之收成。这是老天帮助我们天然达到老子所说的"归根曰静，静曰复命"，也就是我们天天讲的"养精蓄锐"嘛！

当未到"天人合发"之际，似乎需要"伏藏"，正如《易经》所说的"君子藏器在身，待时而动"。但"伏藏"绝不仅仅是暗藏杀机，而是一种境界高级的人生观。老子说："我愚人之心也！俗人昭昭，我独昏昏。俗人察察，我独闷闷。澹兮，其若海；飂兮，若无止。众人皆有以，而我独顽且鄙。"意思是：我有一颗愚人的心啊！众人什么都明白，唯独我迷迷糊糊；众人什么都研究，唯独我毫不开窍。恍惚啊，像大海汹涌；恍惚啊，像飓风无处停留。世人都灵巧有本领，唯独我愚昧而笨拙。

当老子和他的弟子经过一片森林，有好几百个木匠在那里伐木，因为他们要造一座大宫殿，所以整个森林几乎都被砍光了，但是有一棵树屹立在那里，一棵枝叶茂盛的大树。老子让弟子去问，为什么整个森林都被砍光了，唯独这棵树被留下来。

弟子走过去问木匠："为什么你们不砍这棵树呢？"

木匠说："这棵树完全没有用。你无法用它做任何东西，因为它的每条树枝都有疙瘩，没有一条是直的。"

老子经过一个城镇，镇上所有的年轻人都被迫应征入伍。他们碰到一个驼背之人。老子说："你们过去问一问，为什么这个人被留下了，他为什么没有去当兵。"

那个驼背的人说："我怎么可能去当兵呢？你们看，我是一个驼背。我没有用。"

《黄帝阴符经》是《道德经》源头，老子发展了黄帝的思想。从道家的角度讲，"伏藏"还是"伏其心，藏其神"的养生高级法门，树因无用被留下了，兵因无用也未被征上，岂不三生有幸？

九窍之邪[1]，在乎三要[2]，可以动静[3]。

注释 1 九窍：耳目口鼻七窍，及前后阴二窍。邪：邪恶，邪行，邪气，指灾祸。

2 三要：耳目口（一说是口和前后阴）。

3 动静：指打开或关闭。

译文 九窍是否受外邪入侵，在于三个关键要点，那是自己可以打开或关闭的。

注评 太公曰：三要者，耳目口也。耳可凿而塞，目可穿而眩，口可利而讷，兴师动众，万夫莫议。其奇在三者，或可动，或可静之。

筌曰：两叶掩目不见泰山。双豆塞耳不闻雷

霆。一椒掠舌不能立言。九窍皆邪，不足以察机变，其在三者，神心志也。机动未联，神以随之；机兆将成，心以图之；机发事行，志以断之。其机动也，与阳同其波；五岳不能镇其隅，四渎不能界其维。其机静也，与阴同其德；智士不能运其荣，深闻不能窍某谋，天地不能夺其时，而况于人乎！

【解读】人们往往不能伏藏，因为人有九窍，都有哪九窍呢？你可以自己在身上数一数。

九窍之中最重要的是三个窍。一方面，往外泄露元气，就是"精气神"，即所谓"内三要"；另一方面，往里吸收邪气，就是"口耳目"，即所谓"外三要"。"内三要"可说是人的家中宝，务必守好；"外三要"也可说是人的生死之门，同样要守好。"内外三要"守好，是修炼内丹术的重要法门。吕洞宾吕祖在一首丹诗中写道："精神气血归三要，南北东西共一家。天地变通飞白雪，阴阳和合产金花。"

若家中宝被盗，还是家贼为主；而生死之门被破，外鬼居多。若内外勾结，此生休矣！

去印度旅行，很多人都会买"三不猴"回来做纪念品。三只并排坐着的猴子，一只遮住眼睛，表示不看；一只遮住嘴巴，表示不说；一只遮住耳朵，表示不听。"三不猴"即代表不看不说不听。这"三不猴"作为印度的国礼，已经送给过美国、日本等国家领导人。它也是印度国父甘地在世时家里一直摆着的物件。

孔子所说的"非礼勿视，非礼勿听，非礼勿言"，中国人更是家喻户晓。三个"非礼"之后，比印度人还多了一个"非礼勿动"。

唐朝一首署名邻道场人的诗《货丹吟》："寻仙何必三山上，但使神存九窍清。炼得绵绵元气定，自然不食亦长生。"告诉世人，其实所谓九窍，都通往心窍，心窍之中居有心神。关键在于，心神常在，而不是走神跑神，自然清静，渐入真道。心不动，九窍不开,这就是静;心若动,九窍即开,这就是动。所谓动静,就是开合之术,也是开心、关心之术。按照《黄帝阴符经》来说,不该看的不要看,不该听的不要听,不该说的不要说;但同时,该看时要看,该听时要听,该说时要说。

庄子讲过一个故事。南海的老大叫倏,北海的老大叫忽,这两个字,都是古人用来形容时间的词,表示快速的意思。在南海和北海之间是中央之地,此地老大叫混沌。他无知无识,也就是稀里糊涂。

汪绂《山海经存》中的混沌

南海、北海两个老大最怕寂寞，所以早晚驾乘潮汐，一个北上，一个南下，每天两次跑到中央之地来碰头，说是要交流有关潮汐的动态。混沌尽地主之宜，每天两次设宴招待倏、忽二位贵宾。至于他俩交流一些什么，混沌却从来不闻不问。

日子久了，倏、忽过意不去，有一天，他们研究怎样报答混沌。

倏说："人有七窍，两眼看物，双耳听声，一口饮食，两个鼻孔呼吸。唯独这位老兄可怜，一窍不通，我俩应该帮助帮助他。"

忽说："是呀，应该让他看看海洋，同时听听潮声，尝尝海鲜，呼吸一点负离子空气。"

于是，他俩决定给混沌开窍醒脑。第一天凿通一窍，看见平面物象了。第二天凿通二窍，看见立体物象了。第三天凿通三窍，听见声音了。第四天凿通四窍，不但听见声音，还能够寻找到声源了。

第五天凿通五窍，可以大吃大喝了，大说大唱了，大叫大骂了。第六天凿通六窍，闻到香臭了。第七天凿通七窍，畅快呼吸了。

混沌七窍全开了，却当场毙命。

南海是"有"的代名词；北海是"无"的名词。南海和北海每天跑过来，就是"有和无"会于"混沌之地"，"混沌之地"就是"非有非无"。有就是动，无就是静，他可以动，也可以静，浑然天成。

人降生下来，是一个逐渐开窍的过程。修道，却是一个逐渐关窍的过程。所以太极宗师张三丰真人说："顺成人，逆成仙，只在其中颠倒颠。"意思是，若想成仙，就必须逆向操作。老子也讲修道就是"复归于婴儿"，即返本还原到婴儿状态。我们也经常听到有道长开玩笑说："道长，就是倒着长。"此中深意就是返璞归真。

火生于木,祸发必克[1]。奸生于国[2],时动必溃[3]。知之修炼,谓之圣人[4]。

注释 1 祸:就是灾祸。克:制服,战胜,指毁掉。

2 奸:奸妄、狡诈。奸人,指隐藏起来的祸害。国:身体(一指国家)。

3 溃:破散,败亡。

4 圣人:指人格最高尚、智慧最高超的人。

译文 火是木头生发出来的,如果祸害(火灾)发生反而会毁掉木头。任何奸妄是身体生发出来的,积累到一定时候发动起来必然会发病崩溃。明白这些道理，并进行修身炼性，那么就可以说是圣人了。

注评 签曰：火生于木，火发而木焚。奸生于国，奸成而国灭。木中藏火，火始于无形。国中藏奸，奸始于无象，非至圣不能修身炼行，使奸火之不发。夫国有无军之兵，无灾之祸矣，以箕子逃而缚袭牧，商容囚而蹇叔哭。

解读 在西方，人类使用的火种是由一个叫普罗米修斯的人从天上盗取下来的，这是一个神话。在中国关于火种却不是神话，而是历史。三皇五帝中的"人皇"燧人氏，他钻木取火，教人熟食，结束了茹毛饮血的历史，开创了中国火文明，被后世奉为"火祖"。

燧人氏

如果人工钻木就能取火，说明"火种"就隐在木头里面，很好理解"火生于木"了。只要火一生起来，哪怕只是星星之火，多大的木头都会被烧尽。

火，比喻人性中的念头、情绪；木，比喻人的身体。只要是人，每时每刻就会产生各种念头，各种情绪。这些念头或情绪如果不能很好地处理，发作了，就会像"怒火"一样毁掉自身。所以佛教讲，无明火最可怕，发脾气的时候就是无明火。这很有意思，无明是黑暗，但却有一种火。其实无明火是代表烦恼，也就是没有智慧。所谓火烧功德林的，就是这个无明火。

同样，奸，是奸贼，隐藏起来的祸害。现在没有什么政治上的奸贼，也不存在窃国大盗，但如果到处都是贪官，任其发展，也必然国将不国。奸，可以理解为人身体中的那些变异的细胞，比如癌细胞就是由原来正常的人体细胞变异而成的；国，可以理解为人的生命系统。如果癌细胞不能及时消灭，等积蓄到一定数量时，人自身只有崩溃。

外来之患易防，内生之患难止啊！

人生大分有三种范畴：生命、生活和生意，生命要成长，追求品质，需要幸福；生活要成全，追求平衡，需要健康；生意要成功，追求兴隆需要长久。生命通过生活和生意进行修炼并获得自由，现实中恰恰相反，生意做得不错，生活质量并不高，生命生活更是一塌糊涂，年纪轻轻事业有成却一命呜呼者大有人在，略去举例。那么中国人如何实现从生意到生命的跨越？生活和生意能否成为以及如何成为道场呢？

在深山老林中的修行是"山林修行"。某种程度，我们的生活是一种骇人的现实，有些人不能面对挫败，不能承担压力，遁入山林；更有人为远离

唐代"诗佛"王维

尘嚣，或世俗事务，去山中寻求快意，以听松风涧水为乐，当然悠然自得。他们深信全真教主王重阳所写的："修行须是身衣布。受寂寥餐素。"或是像唐代"诗佛"王维所写的，在"行到水穷处，坐看云起时"修行。尤其是宗教修行，都是通过环境的隔绝，强制让人看淡物质欲望，不断提高心性标准，最终圆满。

在官道、商道中的修行是"红尘修行"。中国古代当官主要以科举为主，都有文化的底子，所以称之为士大夫。"初唐四杰"之一的骆宾王曾做过侍御史，相当于中纪委的高级干部，他专门写过做官与修行的诗句："地偏心易远，致默体逾玄。得性虚游刃，忘言已弃筌。弹冠劳巧拙，结绶倦牵缠。不如从四皓，丘中鸣一弦。"北宋苏轼出任过多种官职，最高做到礼部尚书，他说："一别都门三改火，天涯踏尽红尘。依然一笑作春温。"晋代陶渊明当过县令，他说："结庐在人境，而无车马喧。问君何能尔？心远地自偏。"明代诗人张元凯在苏州做过官，他写道："濯缨水上游鱼过，高枕花间宿鸟还。敢向宦途论巧拙，清时唯有闭柴关。"这些士大夫的诗句讲的都是要心境豁达，淡定从容，不为外缘琐事所扰而已。"诗圣"杜甫写得甚好："万事纠纷犹绝粒，一官羁绊实藏身。"

佛法在世间，不离世间觉，大众的修行不是在深山老林，而是在家庭，所谓"烟火修行"。王重阳的接班人马钰曾专门写了一首诗，回答在家能否修行，其中有一句："神仙要做恋妻男，忙里偷闲道上参。"与家人在一起,而不是与家人住在一起,这是一个很大的区别。"家"与"冢"最大的区别就是"家"上面有烟囱,每天为家人起火做饭才是最好修行,才有可能修正不健康的生活方式。一些大家族,当他们兴起时,人丁兴旺,门庭若市,必然是谦恭俭让,礼贤下士;当他们中某一代人开始不再晴耕雨读,修身养性时,就会一蹶不振,所以,他们丢掉的不是五子登科,而是智慧传承。

常人无法理解的道家房中术、辟谷术、内丹术都是帮助降服身心的功夫;修其身炼其神都是保全性命法门;内观心中动机,觉知内心念头,都是防患于未然的修炼。《大学》中开篇讲到治国修身之间的关系,指出了常人成为圣人之路:"物格而后知至,知至而后意诚,意诚而后心正,心正而后身修,身修而后家齐,家齐而后国治,国治而后天下平。"你看,如果能够治理好自己的身体,治理国家也不是什么难事了。

宋代慧开禅师说:"春有百花秋有月,夏有凉风冬有雪。若无闲事挂心头,便是人间好时节。"烦心之事恰是闲事,若能抛却,在任何环境中都找到通往风花雪月之路。不论哪种修行,处处皆见生机。不论哪种修行,都是远离灾祸与奸邪。不论哪种修行,最重要的事就是三生有道,禅意人生。

中篇

富国安民演法章

天生天杀,道之理¹也。

注释 1 理:规律,标准,根据。

译文 大自然中发生的生生死死、死死生生现象,都是大自然固有的运行规律和法则。

注评 良曰:机出乎心,如天之生,如天之杀,则生者自谓得其生,死者自谓得其死。

解读 这句等于对"观天之道""立天之道"的"天道"作了一个注释,表达了天道的功用,以此来让我们更好地理解"道"。一阴一阳之谓道,一生一杀之谓理。天生天杀,就像白天与黑夜一样正常。天地本无心,根本不是有心想要生或有心想要杀。

不过"杀来杀去"听起来,看上去都很吓人,但这种吓唬就像父母吓唬自己的孩子一样,完全出于爱护,非如此,不足矣,提醒我们要注意了!

我们读老子,看到"天地不仁,以万物为刍狗;圣人不仁,以百姓为刍狗。"对于这段话的解读一直存在很大误区,听起来似乎有点儿不好听,说成是老天并不仁慈,只把万物当作没有生命的贡品;统治者并不仁慈,只把人民百姓作为牺牲品。

圣人不是人,刍狗不是狗。唐代大文豪韩愈的《师说》是一篇说明教师的重要作用、从师学习的必要性以及择师的原则的文章。他给出了关于什么是老师的著名定义:"师者,所以传道授业解惑也。"同时,也给出圣人是什么的定义:"古之圣人,其出人也远矣。"说"圣人"超出于众人之上。

古时候，刍狗，就是用草扎的狗，是当作祭祀用的贡品。天地也好，圣人也好，一是无所偏爱，二是无所强加。假设圣人就是身体，其余器官就是百姓，身体会对所有器官都一视同仁。否则人为放纵，就会产生职业病或者富贵病。因此失去了平衡，违背了天道。

黄帝就像一位严父，而老子更像一位慈母；黄帝在前面说了"凶巴巴"的话，老子总是在后面耐心地解释，他对天道的功用表达得更容易理解，说："天之道，损有余而补不足；人之道，则不然，损不足以奉有余。"这段经文后来成为修行圈的修炼指南，并成为金庸"射雕三部曲"中最负盛名的武学秘笈《九阴真经》开头的话。

道家甚至称睡眠为"小死""假死"，认为本来生死就是一体两面的，所以"经常不死，只能不活"；更认为，要主动"寻死寻活"才称修道学仙，比如内丹术、胎息功、辟谷术等的学理都是基于此。吕洞宾说："已生而杀生，未死而学死，则长生矣。"这是道家丹诀，杀生即心死也，心死则神活。因为修道的人就是死不了后天的心念，哪怕打坐用功都是以功利主义求效果，赶快求一个成绩出来，自己快得神通，快得智慧，总是背道而驰。

有学者认为，中国人对死亡始终采取否定、蒙蔽的负面态度，甚至不可在言语中对死亡有所提及。它是不幸和恐惧的象征，还判定这是由于传统文化中的儒家、道家、佛家思想的长期历史沉淀的产物，常引用孔子的话"不知生，焉知死"来证明这一点。

只有相信死亡就是终点的人，才会害怕死亡。中国人不是把死亡当作最后的归宿，而是认为它贯穿生命始终，从而解构了死亡。我们现在经常会用"消息"这个词儿，比如，"有什么消息""透露消息"

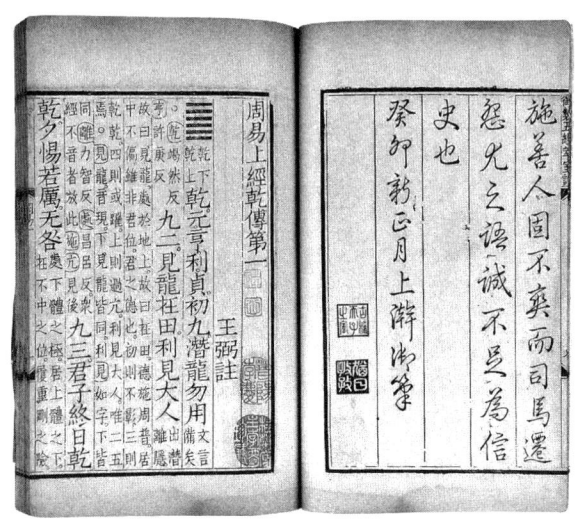

《周易注》书影

等,代表着"新闻"。其实,按《易经》的说法,乾卦主阳,坤卦主阴。乾六爻为息,坤六爻为消。阳升则万物滋长,故称息;阴降则万物灭,故称消。乾者阳,生为息也;坤者阴,死为消也。所以,"消息"即是生死,中国人早已把"生死"融合进"三生"之中了。南宋蔡戡在《书怀》诗中写道:"消息观天道，炎凉阅世情。禅心了生死，病骨识阴晴。杜宇伤心切，梅花照眼清。焚香读周易，顿觉此身轻。"

中国古代就把客观世界的变化，把它们的发生、发展和结局，把它们的枯荣、聚散、沉浮、升降、兴衰、动静、得失等等变化中的事实称为"消息"。每天的生活中有各种消息，都关乎生死。正因如此，中国人整体看上去是沉静的，是忍耐的，内在却有着无比强大的生命力。

天地，万物之盗¹；万物，人之盗；人，万物之盗。三盗既宜²，三才³既安。

注释 1 盗：逆取，反夺，指利用。

2 宜：平衡，协调。

3 三才：指天地人。

译文 万物夺取天地的能量；人夺取万物的能量；万物夺取人的能量。天地人既然是相互夺取的依存关系，就要相互平衡与协调，这样三者都会安定下来。

注评 鬼谷子曰：三盗者，彼此不觉知，但谓之神。明此三者，况车马金帛，弃之可以倾河填海，移山覆地，非命而动，然后应之。

签曰：天地与万物生成，盗万物以衰老。万物与人之服御，盗人以骄奢。人与万物之上器，盗万物以毁败。皆自然而往。三盗各得宜其，三才递安其任。

解读 都说天机不可泄露，但《阴符经》里这一句话，说的是生机与杀机，却是把"天机"都泄露了出来。

现在，我们讲一个记录在《列子》中的故事吧！

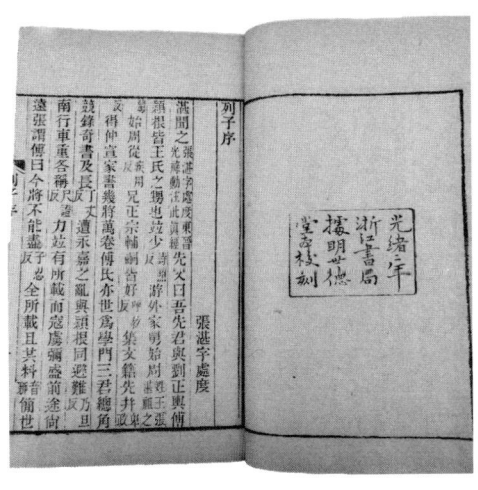

明世德堂刻本《列子》书影

齐国一个姓国的是首富，宋国一个姓向的极穷，按现在的说法就是屌丝。向先生向国先生请教致富的方法，国先生告诉他说："我善于盗，一年就自给，两年就自足，三年就大丰收，从此往后，全国到处做慈善。"

向先生大喜，于是穿墙破室，只要是眼睛看见的、手所碰到的没有不偷的，没多久，就人赃并获，被判罪处罚，连他祖辈的财产都被没收了。

向先生认为国先生在骗自己，就去找他算账。国先生说："你是怎么盗的？"向先生就将自己偷盗的情况说了。

国先生大笑说："哈哈！你偏离盗的方法也太远了，现在我告诉你吧。我听说天有时，地有利，我偷盗天地的时利，云雨滋润，山川孕育万物，以使我的禾苗成长，生养我的庄稼，筑我的墙，建我的房；陆地上我盗禽兽，水里我盗鱼鳖，没有一样不是我盗得的啊。所有庄稼、土地树木、禽兽、鱼鳖都是天地所生，哪是我所有的啊？但是我偷盗天地的，就没有祸殃；而金玉珍宝、谷物锦缎，是别人聚集的财物，不是天地所拥有的，你偷盗那些东西被判罪，怎么能怨恨我呢？"

"之盗"，是语法倒装句，是"盗之"的意思。生万物是天地，杀万物也是天地，所以说"天地，万物之盗"。生机中有杀机，但万物不知晓。养人的是万物，害人的也是万物，所以说"万物，人之盗"。生机中有杀机，但人不知晓。万物为人所使用，万物也为人所残害，所以说"人，万物之盗"，生机中有杀机，但万物不知晓。大家统统不晓得，生机中有杀机，虽杀之而不让你知晓，所以叫作"盗"。

人，来到这个世界上，胸中无非揣着一颗盗心。想升官，想发财，想成名，想成家，想这个，想那个。有小才华为小盗,有大才华为大盗。盗不可怕,只要盗亦有道,不要像故事中那个姓向的人。天地万物人,盗得要刚刚好,既不能不及,也不能过分;既非用度不足,也非斩尽杀绝。

宋太宗在一首《逍遥咏》诗中写道:"三才皆备位,万物有长生"与"三盗相宜,三才既安"一样都代表着和谐社会,绿色文明,生态地球的古代声明。

宋太宗赵光义像

如果没完没了盗取,那就不是盗,而是"往死里造、往死里作"了。这个道理很简单嘛,多少皇帝死在后宫里，多少人死在胡吃海喝中！过去的英雄以身殉国，今天的傻瓜以身殉物。

在天地的眼里，人不过是刍狗。但人却妄自尊大，自以为是，以为天地之间的万物都是为人而准备的，残害起来，毫不手软，毫无体恤。人类，不断过度地盗取，危害最大，简直成了万物凶恶的敌人。殊不知，这样使自己招致更大的凶险，那些一次次突如其来的各种疫情灾害就是证明。

实际上，就只有天地与万物两种关系，人也是万物中的一物。首先是人类需要万物，而万物未必需要人类；退而言之，是人类依靠万物得以生存，万物依靠人的养护得以繁盛。之所以单独拿出来又强调说："万物，人之盗；人，万物之盗。"完全是为了让我们彻底领悟，这是圣人的良苦用心啊！

元代道士王吉昌在《黄鹤洞中仙》词中写道：

"性命根基奥。道本阴阳造。孤守灵光一点清,殆失观天道。三盗宜深讨。四象当逆考。夺得乾坤造化权,结就圆明宝。"这首词点明了"三盗"与金丹大道的关系。

故曰：食其时¹，百骸²理。动³其机，万化⁴安。

注释 1 时：时节，时令，时光，时候。指季节。

2 百骸：指人的各种骨骼或周身。

3 动：发动，行动。

4 万化：指万事万物。

译文 所以说：饮食要遵循时令，身体才会得到调理；行动要把握时机，万事万物才会安顺。

注评 鬼谷子曰：不欲令后代人君广敛珍宝，委积金帛，若能弃之，虽倾河填海，未足难也。食者，所以治百骸，失其时，而伤百骸；动者，所以安万物，失其机，而伤万物。故曰：时之至间，不容瞬息，先之则太过，后之则不及。是以贤者守时，不肖者守命也。

解读 这句与《黄帝内经》的开篇"素问"中"法于阴阳，和于术数，食饮有节，起居有常，不妄作劳"的意思是相同的。"食饮有节"的"节"字与"食其时"的"时"字，都表示季节与时令的意思。《黄帝内经》这五句二十个字是养生的指导原则，也是"百岁秘诀"，即"故以形与神俱，而尽终其天年，度百岁乃去"。

佛教的"八关斋戒"中给出家人和在家信教居士有"不非时食，过午不食"的戒律。意思是说不能在许可的时间以外吃东西。《舍利弗问经》佛言："非时食者，是破戒人，是犯盗人。"这里有一个"盗"字，与前面《黄帝阴符经》提示的一样，表示过度盗取万物。

佛教讲淫欲是生死之因，饮食乃生死第一增上缘——指任何一个事物对于其他一切事物的影响与作用，可以增进，也可以障碍。如果借饮食修道，若不是完全断绝，那么在规定的时间内吃东西就是正时食。《论语》讲："不时不食，时也。"意思是一样的。

为什么所有的中医都建议大家夏天不要吃冷饮、吹空调？本来你喝水，是想用水来养自己，是你盗水之精华，但如果你喝冷饮，却变成水在盗你的精气，变成害你了。至于那些添加了各式各样味道的饮料，那里面的添加物更是来盗你的精气的。所谓的"反季节疏菜"，更是盗你没商量。吹空调也是同样道理，"汗法"是中医八大治病方法之一，夏季正适于人体外感表征得以治疗的大好时机，发汗祛邪，邪随汗解，使一年秋冬所吸收的邪风邪气得到排解。

空调的冷气却封堵了邪风邪气，勾引并联合新的外邪一起向人体大举进攻，盗伐你的精气神三宝。

它们想盗就能盗吗？不是，是你自己打开门，让它们来盗的，简直就是监守自盗。

鬼谷子像

我们总是在讲，在正确的时间，正确的地点，做正确的事。实际上，无非就是把握时机而已。在"注评"中，鬼谷子说，"贤者守时，不肖者守命也"，意思是：贤明的人遵照时机，所以必定成大器；无能者保持平庸，认为一切生来就注定，不想有什么建树。

商人抢得时机，就会赚钱；战士把握战机，就会打胜仗；农夫失了时机，就会误了农时；青春失了时机，就会误了爱情与繁衍。

如果时机未到怎么办呢？《易经》说："君子藏器于身，待时而动。"意思是，君子有卓越的才能、超群的技艺，从不到处炫耀，等待时机再行动。如姜太公一样，七十二岁下山，在渭水钓鱼十年，才得遇周文王封相，后又辅佐周武王奠定周朝。这话提醒我们，当默默无闻的时候，要加强自身修养，潜龙勿用，等待时机，在需要的时候，就把才能或技艺施展出来，正是该出手时就出手，飞龙在天。

人知其神之神[1]，不知不神之所以神也。

注释 1 神：不可思议的，不平凡的，特别高超的，指神奇、神秘、神灵。

译文 人们只知道神奇而以为不平凡，却不知道看不出神奇的平凡才是特别高超的。

注评 筌曰：人皆有圣人之圣，不贵圣人之愚。既睹其圣，又察其愚，既睹其愚，复睹其圣。故书曰：专用聪明则事不成。专用晦昧则事皆悖。一明一晦，众之所载。伊尹酒保，太公屠牛，管仲作革，百里奚卖粥，当衰乱之时，人皆谓之不神，及乎逢成汤、遭文王、遇齐桓、值秦穆，道济生灵，功格宇宙，人皆谓之至神。

解读 我们小时候,觉得爸爸妈妈很神;上学了,觉得老师很神;上班了,觉得老板很神;开了公司,觉得商业巨子们很神。其实,比爸爸妈妈,比老师,比老板,比商业巨子们更神的人,一定存在许多,只是我们并不认识并不知道而已。老子留下了《道德经》,很神,佩服得五体投地。但如果有一天,他走在你身边,一个白胡子老人家,穿着粗

老子像

布衣服，你根本不会觉得他很神，甚至你还会瞧不起他，你根本也不会知道他怀里揣有美玉。

特蕾莎修女，是一位天主教徒，去世时，她的个人财产只有一张耶稣受难像、一双凉鞋和三件粗布纱丽。同样，当你遇到她，你会认为她很神吗？特蕾莎把一切都献给了穷人、病人、孤儿、孤独者、无家可归者和垂死临终者。她从十二岁起，直到八十七岁去世，从来不为自己，而只为受苦受难的人活着。她于一九七九年获得诺贝尔和平奖，并成为诺贝尔奖百余年历史上最受尊崇的三位获奖者之一（其他两位是一九六四年和平奖得主马丁·路德·金、一九二一年物理学奖得主爱因斯坦）。

南斯拉夫爆发科索沃战争后，特蕾莎修女请求一方的指挥官暂时停火，因为战区里还有无法撤离的女人和孩子。指挥官说："修女啊，我想停火，但对方不停,没办法。"特蕾莎修女说:"那么只好我去了。"敌对方得知特蕾莎修女走入战区内时,立刻停火,直到特蕾莎修女把妇女和孩子们安全带出战区,双方才重新开战。

这一消息传到联合国,时任联合国秘书长安南听后,叹了口气说:"这样的事情我可做不到。"

人们只认为政治家口若悬河,把老百姓煽动得热血沸腾,发动起战争,很神,却不知道特蕾莎修女一言不发,只是走进了两军对峙的战场,所有的军人都垂下了枪口,才是不神之神。人们只认为神殿上奉的神,高高在上,可以保佑平安,很神,却不知道吉凶祸福皆由人造,积德行善才是不神之神。人们只认为轩辕黄帝统一了华夏,很神,却不知道他留下了《黄帝阴符经》,记载了他的精神,可以帮助更多的华夏传人修炼得道,更神。人们只认为狂风、暴雨、响雷、闪电很神,却不知道阳光、空气才是不神之神。

人们只能看到有形的神,看不见无形的神。人们只认为百战百胜是战神,不知道不战而胜才是不神之神。

日月有数[1]，大小有定[2]，圣功[3]生焉，神明[4]出焉。

注释 1 日月：指阴阳。数：命运，天命。

2 定：确凿，规定，指必然。

3 圣功：指修炼之功。

4 神明：指精神与智慧。

译文 日月的运行有着自己的命数，万物的大小有着自己的规定，只有懂得这些道理，才会建功立业，才会有智慧产生。

注评 鬼谷子曰：后代伏思之，则明天地不足贵，而况于人乎？

签曰：一岁三百六十五日，日之有数，月次十二以积闰，大小余分有定；皆禀精气自有，不为圣功神明。而生圣功神明，亦禀精气自有，不为日月而生。是故成不贵乎天地，败不怨乎阴阳。

解读 一年有三百六十五日，是太阳的定数；一年有十二个月，是月亮的定数。《清静经》中说："大道无情，运行日月。"日月每天的升起与落下，都有自己的规律可循。日月有数，规定着时间。大小有定，划定着空间。千年出一神明，百年成一圣功，十年生一贤人，这都是照应日月之数在时空中所产生

明文徵明《太上老君说常清静经》

的、非人力所能改变的结果。张果老在他的《黄帝阴符经注》中说:"日月有准,运数也;大小有定,君臣也。"

两者合起来,形成我们经常说的"定数"。定数就是天机的度量衡,定数就是恰当适宜,有定数才是"三盗既宜,三才既安"的大前提。

那么,是不是有了定数,就什么都不做了?老子说"无为无不为",我们要洞悉定数,掌握定数,运用定数。君子待时而动,该出手时就出手,"道士下山"就是这个意思。

《易经》定义了圣功:"蒙以养正,圣功也"。意思是说儿童时代就应培养纯正无邪的品质,这是造就圣人的成功之路。又说:"而养正莫先于礼"。就是让儿童学会"礼貌",即恰当适宜的准则、态度和动作。

《易经》中,经常讨论到大人、君子、小人。大人是有德行并且有权力的人，君子是有德行但没有权力的人，小人是两者都没有的人。《易经》中"革卦"说"大人虎变，小人革面，君子豹变"，意思是说，一个人成为了大人，就像是小老虎变成了大老虎，这是注定的。君子虽貌似老虎，毕竟不是老虎。一个人成为了君子，就像是小豹子成为了大豹子，这是注定的。这里的"革"的意思是变化，"面"的意思是指"朝向、面对"。当大人虎变之后，小人们就顺应变化，面朝大人，顺应服从。整个革卦总的来说，主题是变化，而这个变化是注定的，变成什么样子也是注定的，就像四季的轮转。

一个人做符合天道的事，就是圣功。道家的修心炼性，儒家的存心养性，佛家的明心见性，是圣修。内圣为修，外王为功，圣修外化，即为圣功，即在人间建功立业。

中国正走在复兴的路上，实现了这个梦想，这就是一件圣功。完成了这件圣功的人，那就是新时代的圣人。《黄帝内经》说："心者，君主之官，神明出焉。"所以，所有圣功的建立，都源自他的起心动念。正如"诗圣"杜甫在一首诗中所写："扶持自是神明力，正直原因造化功。"

其盗机也，天下莫能见，莫能知，君子得之固躬[1]，小人得之轻[2]命。

注释 1 躬：身体，指我。

2 轻：丧失，夭折。

译文 这个关于盗夺的机密，众人根本看不见，也根本不知道。有悟性的人（君子）若得到它而遵循之，就会强固身体；无悟性的人（小人）若得到它而滥用，只会丧失性命。

注评 诸葛亮曰：天子，太公，岂不贤于孙、吴、韩、白？所以君子小人异之。四子之勇至于杀身，固不得其主而见杀矣。

笺曰：季主凌夷，天下莫见凌夷之机，而莫能知凌夷之源。霸王开国之机，而莫能知开国之机，而莫能知开国之源。君子得其机，应天顺人，乃固其躬。小人得其机，烦兵黩武，乃轻其命。《易》曰：君子见机而作，不俟终日。又曰：知机其神乎！机者，易见而难知，见近知远。

诸葛亮像

解读 天地、万物、人之间的互相盗用，无论是明拿，还是暗取，大众既不知晓其中奥妙，也往往不会勇于行动。李筌在"注评"中引用《易经》说："君子见机而作，不俟终日。"俟是等待的意思。这句话的意思可解释为：君子看出征兆就果断行动，不会终日等待。道教武当派祖师张三丰，不仅是太极拳的集大成者，还是内丹高手，他在丹道名作《无根树》中写道："自古神仙栽接法，人老原来有药医。访明师，问方儿，下手速修犹太迟。"讲的也是同样意思。

大众是不可能参透天机、把握盗机的，只有道中之人，天地不能拘，甲子管不得，把握盗机，坚守本真，保全性命，因为他们知止而不殆；其实除君子之外，小人也往往能够敏锐知晓。他们运用盗机，放纵情欲，结果反而送了卿卿性命，因为他们胡作非为。

所以孔子说："君子中庸，小人反中庸"。小人反中庸的目的只有一个，那就是"无所忌惮也"。北宋著名理学家、道士邵雍在《正性吟》诗中写道："未生之前，不知其然。

邵雍像

既生之后，乃知有天。有天而来，止物之性。君子践形，小人轻命。"

《易经》又说："知机其神乎？机者，易见而难知，见近知远。"大文豪苏轼在他的文章《辟谷说》中记载这个故事：有一个人掉进一个深不可测的洞穴中，洞壁陡峭，无法爬出。几天过去了，饿得半死。四处搜寻，每天早晨都看见有一些乌龟和蛇伸脖扬首，对着东方，好像在吞咽红色日光。于是，这个人也随着这些龟蛇的方向，对着红日吸气吞咽，竟然不饿了，而且还有身轻力强的感觉。后来，这个人被救出，回家之后，从此再也不吃五谷，不动烟火了。

苏轼在记录完这件事迹之后说，辟谷的方法有上百种，这种是最上乘的，然后非常感慨地说道："此法甚易知易行，天下莫能知，知者莫能行。"

天食人以五气，地食人以五味，辟谷，就是不吃地上的五味，而食天上的五气。紫阳真人说："见之不可用，用之不可见。"这就是一种盗机。一次盗天地、夺造化的机会。但是有多少人能知晓呢？知晓的人中又有多少会去践行呢？苏轼在文章的最后说，他要与自己小儿子共行此法，所以才把这个事迹和辟谷方法记下来。

老子也说："吾言甚易知，甚易行。天下莫能知，莫能行。"意思是，我的话很容易理解，很容易施行。但是天下竟没有谁能理解，没有谁能施行。看看，老子虽然留下了五千言，他也"操心"自己所留下的思想，也只能让众人在读过之后，停留在头脑的思辨和逻辑的乐趣之中，并不能因此而有所长进。

下篇

强兵战胜演术章

瞽¹者善听，聋者善视。绝利一源²，用师³十倍；三反⁴昼夜，用师万倍。

注释 1 瞽：瞎眼。

2 绝：杜断，放弃。利：利益，好处。源：根由，源头。

3 师：军队，指功用。

4 三反：反复多次（一说耳目口）。

译文 双目失明的人反而听力好，两耳失聪的人反而视力好。所以，专心一处，杜断某种利益的根源，可以得到十倍的功用；夜以继日反复用心，可以得到万倍的功用。

注评 尹曰：思之精，所以尽其微。

良曰：后代伏思之，耳目之利，绝其一源。

筌曰：人之耳目，皆分于心而竟于神。心分则机不精，神竟则机不微。是以师旷熏目而聪耳，离朱漆耳而明目。任一源之利，而反用师于心，举事发机，十全成也。退思三反，经昼历夜，思而后行，举事发机，万全成也。

太公曰：目动而心应之。见可则行，见否则止。

解读 注评中的"尹"，即伊尹，商朝开国元勋，杰出的政治家、思想家，中华厨祖。历事成汤、外丙、仲壬、太甲、沃丁五代君主，辅政五十余年，为商朝兴盛富强立下汗马功劳。

邵雍在《天意吟》诗中写道："天意无佗只自然，自然之外更无天。不欺谁怕居暗室，绝利须求在一源。未吃力时犹有说，到收功处更何言。圣人能事人难继，无价明珠正在渊。"诗里用典"绝利一源"，并认为其为"圣人能事",可以发掘出"无价明珠"。

齐己,唐代晚期著名诗僧,《全唐诗》收录了其诗作八百余首,他在诗中写道:"绕窗风竹骨轻安,闲借阴符仰卧看。绝利一源真有谓,空劳万卷是无端。清虚可保升云易,嗜欲终知入圣难。三要洞开何用闭,高台时去凭栏干。"齐己在这首题为《读〈阴符经〉》诗中,有两处分别引用了"绝利一源"和"三要",皆在强调"耳目口"对修行的紧要。

老子说,"治人事天莫若啬",啬是少用的意思,让我们去过一种感官尽可能少用的生活。李筌在"注评"中提到了两个著名人物,一个叫师旷,另一个叫离朱,不仅少用了一种感官,还创造了很美的故事。

师旷生而无目,故自称盲臣,春秋时人,在晋国宫廷里担任主乐大师,精音乐,善弹琴,却因为眼睛看不见外物,所以能够安心,辨音力极强,是中国历史中记载的第一位音乐大师,以"师旷之聪"闻名于世。

师旷鼓琴

有一天,晋王感叹师旷生来就眼瞎,饱受昏暗之苦,师旷则言天下有五种昏暗:其一是君王不知臣子行贿博名,百姓受冤无处伸;其二是君王用人不当;其三是君王不辨贤愚;其四是君主穷兵黩武;其五是君王不知国计民生。师旷是一位"盲臣",却主张"广开耳目,以察民情",并成为太宰(相当于后来的宰相),这一段历史也非常美。

但这个故事后来被改得不那么美了。说师旷自幼酷爱音乐，就是生性爱动，因为觉得眼睛看到的东西使他无法专心学琴，所以用艾草熏瞎了自己的眼睛（还有一说更为惨烈：是用绣花针刺瞎了双眼），以使自己的心清净下来，发奋苦练，终成一代名师。

李筌在"注评"中还提到了离朱，他生活的年代比师旷还要久远，是黄帝的大臣，他能于百步之外，见秋毫之末；又说他能见人之未见，察人之未察，具有超人的眼力，因此有"离朱之明"流传下来。

据说离朱的这种非凡能力也是自己通过"毒漆"把耳朵搞聋后才获得，这种惨烈依然通俗易懂，无外乎说，有所短者，必有所长；有所弃者，必有所得。为练习绝世武功"葵花宝典"把欲望断掉，集中精力于一点进行修炼没有方向性的问题，但是，

"欲练神功，挥刀自宫"的断欲手段却不符合人道，更不符合天道。

这种残害身体以求精进的事情与道家"保身全生"（庄子语）的信条是相背逆的。而且，对五官所代表的感官进行摆脱也不完全是究竟法门，而是对感官的使用要保持着始终觉知能力。摆脱也是一种控制的努力，任何努力都往往走向相反一面，好像钟摆。对感官进行摆脱，可能反而造成某种残害着自己的结果。控制的本身，内部有一个失控存在，而所有的控制终将崩溃。

洞灵真人亢仓子，道家始祖之一，老子的弟子，他修炼到可以用眼睛听声、用耳朵视物，跟师兄列子的境界差不多。思想境界到达一定程度，根本不需要去残害身体，就会产生一种类似特异功能的效用。

混沌拥有一切，本身是圆满自足的，是道的化身。他不愿意被人开窍。有耳朵，并不意味着有能力听；有眼睛，并不意味着有能力看。因为耳目所能视听的，口鼻所能嗅尝的，身意所能感觉的，只不过是片面、局部、粗浅的。用心所具有的所有感官去听吧，听人所不能听，听于无声；用心所具有的所有感官去看吧，看人所不能看，看于无形。这样，可以收到十倍的功效，甚至可以收到万倍的功效。这才是真正的聪与明啊！

心生于物¹，死²于物，机在于目³。

注释 1 心：指思想、情感、欲望。物：具体东西（一指自己以外的或跟自己相对的人、物、环境）。

2 死：丧失，固执。

3 目：眼睛，指关注。

译文 人的情感（包括欲望）受外在的东西，或相对的环境影响而产生或丧失，而执着其中。其关键就在于双眼的关注。

注评 签曰：为天下机者，莫近乎心目。心能发目，目能见机。秦始皇东游会稽，项羽目见其机，心生于物,谓项良曰:"彼可取而代之。"晋师毕至于淮淝。符坚日见其机,心死于物,谓符融曰:"彼勍敌也,胡为少耶?"则知生死之心在乎物,成败之机见于目焉。

解读 《吕祖心经》为道教著作,讲的是修心,倡导"欲善其身,先治其心。治心如何?即心治心"。提出用三十六种正确心态对治三十六种不良心态的方法。作者吕洞宾祖师说:心是人身的主宰,可以驱使人的身体,左右人的情绪。如果人心丧失了正确的观念,自己也会随之走入歧途。因此,治理好人心,社会才能和谐。

佛教《心经》更是信徒们的必修经典,教导人们要远离贪、嗔、痴等心地,指出"色即是空,空即是色"。各种相状只不过是一时的组合,并非永久不变。我们得到的、希望的、作为的、知道的、看到的、听到的、闻到的、尝到的、触摸到的、感觉到的都是虚妄想法造作的。没有什么办法让得到的东西永恒，所以也没有什么可以真正拥有，世间万象等同于空性，终究都会是空性。

道教讲"心生万象"，佛教讲"心生万法"，无论是道教还是佛教，本质上都是"心学"。

现如今最令人注目的"物"是什么呢？你的头脑中第一个冒出来的总是金钱！

金钱没有什么不好的，它可以给予这个世

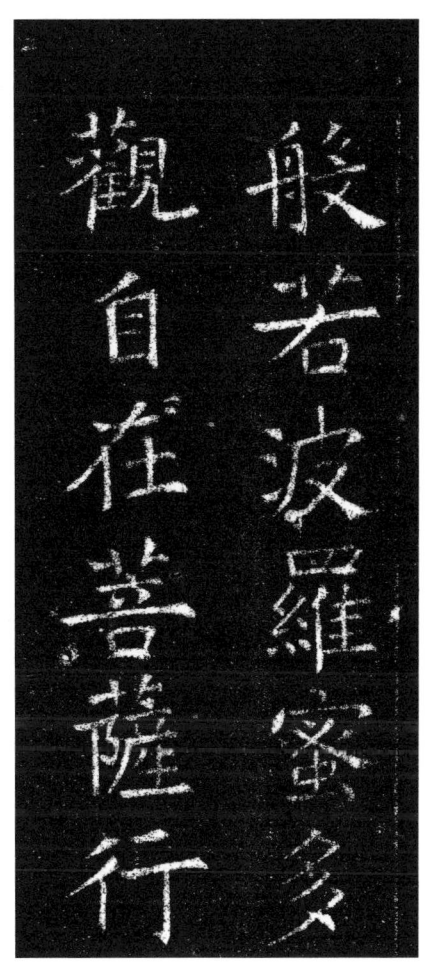

褚遂良书《心经》拓本局部

界上一切外在的东西——物，一间房子、一辆汽车，或一些漂亮的衣服、饰品等。有人甚至说金钱能够给你爱，可怜的金钱它并不能做到。他一定说是金钱给了他爱，这只能证明他是一个白痴。也有人因为金钱不能给予爱而反对金钱，这只能说明他是一个妄想狂。金钱只能给予它所能承诺的，但它从来没承诺过给予爱。

当金钱只是一个工具，心不会死，也不会生。当金钱成为一个目标，心会生，也会死。心会生，生的是妄心；心会死，死的是良心。心生与心死，完全取决于你如何看。你看着金钱时，你的眼球是否一动不动，眼光发亮呢？你看着一个异性时，你的呼吸是否急促异常？当你看着食物时，你的嘴巴是否不由自主地吞咽？你看着权力时，你的汗毛是否不由自主地竖立起来？

如果是，你就活在了外在的东西——"物"里面，那是一些看起来很神奇的创造物；如果不是，你就活到内在的本质——"天性"里面，那是一位真正神奇并且伟大的创造者。

老子说"不见可欲，使民心不乱"，意思是说，想要自己的心不乱，最好不要见着那些能勾起欲望的东西，比如再现美好场景的各种广告，各种大数据算法下推送给你的视频。当然，这句话老子只是针对大众所说，心能乱之者，必非道中之人。而道中之人他们虽然在看，但在他们的眼中看不见欲望，他们"观天之道，执天之行"。

如果特别心乱，特别烦恼，那就静下来想一想，你是不是见了太多的"可欲"？

天之无恩而大恩生[1]。迅雷烈风，莫不蠢然[2]。

注释 1 恩：好处，恩德，恩惠。

2 蠢然：虫子蠕动的样子，指萌发。

译文 大自然看似没有施恩，实际上却有恩惠，使万物得以滋养生长。迅猛的雷声和急烈的风雨，反而促使了万物的萌发。

注评 良曰：熙熙哉。

太公曰：诚惧致福。

筌曰：天心无恩，万物有心归恩于天。老子曰："天地不仁，以万物为刍狗；圣人不仁，以百姓为刍狗。"是以施而不求其报，生而不有其功。及至迅雷烈风，威远而惧迩，万物蠢然而怀惧，天无威而惧万物，万物有惧而归威于天。圣人行赏也，无恩于有功。行伐也，无威于有罪。故赏罚自立于上，威恩自行于下也。

解读 张果在其所著的《黄帝阴符经注》里对这句的注释是："以迅雷烈风动人之恐惧以致福，无恩而生大恩之谓也。"意思是，大自然虽然展露各类"凶象"，但是人能够因此而有所警戒和敬畏，从而对自己的行为有所收敛与规范，就会带来福报。

通过理解"天之无恩而大恩生"，就可以比较好地理解《道德经》中的"天地不仁，以万物为刍狗"。光明来临，黑暗就消失，但我们不能跑到太阳那里去，对太阳说，你十分感激它，因为这么长时间以来，它一直为你在地球上消除黑暗。太阳肯定非常吃惊。它会说："我不知道黑暗是什么。我从来没有碰到过黑暗。"太阳从来没有想到为谁消除什么,但却普照天下,恩泽万物。即使它晚上去休息了,也是给了万物一个同样的休息。

天,有时候风和日丽,有时候迅雷烈风。所有呈现出来的气象,都会影响着天地之间的万物,但大自然本身没有任何用心。你所能看到的或感受到的,都是天的无心,所有一切,只是你的有心而已。

这句似乎与我们的人生很难有指导性。那么来看看全真教教主王重阳是怎么说的,相信必有深刻启发。他在《苏幕遮·少烦人》词中写道:"少烦

全真教教主王重阳像

人，稀赴会。我自无恩，莫把他人怪。廉俭温良身自在。莫追陪，免得常躯债。有钱时，人见爱。及至无钱，亲也全疏待。且见世情如此态。察尽人心，暗想除非外。"

至乐性余¹，至静性廉²。

[注释] 1 余：富足，指宽厚。

2 廉：清廉，廉洁，指清净。

[译文] 性情宽厚（而不是狭隘）就会达到真正的快乐，性情廉洁（而不是贪婪）就会达到真正的清静。

[注评] 良曰：夫机在于是也。

筌曰：乐则奢余，静则贞廉。性余则神浊，性廉则神清。神者智之泉，神清则智明。智者心之府，智公则心平。人莫鉴于流水，而鉴于澄水，以其清且平。神情意平，乃能形物之情。夫圣人者，不淫于至乐,不安于至静,能栖神静乐之间,谓之守中。如此施利不能诱,声色不能荡,辩士不能说,智者不能动,勇者不能惧,见祸于重开之外,虑患于杳冥之内,天且不违,而况于兵之诡道者哉!

解读 这句一直有两种不同的解读。如果是倒装句,就是"性余"才能"至乐",或"性廉"才会"至静",这里"至"是至高无上的意思,在古文中常用,比如至善、至尊。如果按李筌在"注评"的解读,"至乐"是达到快乐的状态,这里"至"是达到的意思,并且,他还认为快乐会使人心神混乱。

我们在快乐中有问题吗?孔子不也说过,有朋友从远方来是

孔子像

令人非常快乐的事情吗？"至乐"是喜乐，是微笑，所以，几乎所有的佛都是微笑的。"至乐"不是大笑——如果是大笑，李筌的担心是对的，我们可以一天都在微笑中，但我们不能一天都在大笑中。

当你内在足够圆满，你就可以微笑接纳一切。当你内在依然匮乏，你只想挑选，就会陷入纠结。真正的觉醒，意味着你不再纠结于人世间的爱、恨、情、仇，而是接纳这一切发生，接受身边的每个人。这样你就可以得到快乐，因为你已经带给对方快乐！

如果你不快乐，本质上是因为你在与自己争斗，虽然，在大多数情况下，看上去像是你在与其他人争斗，与同事，与家人，与遇到的人，甚至与梦里的人，与假想的人争斗。你总是在"为什么"里面，而没有在"就是这样"里面。

现在，我们讲一个庄子讲的故事吧。

在一条河中,有一个人坐在船上,发现有另外一条船正向他所坐船的方向移动,如果不停止或转向的话,很快就会撞上来。于是,他大喊大叫起来,那条船继续向他这个方向移动,没有任何反应。他跳了起来,开始呵斥,那条船仍就没有反应,马上就要撞上了。他开始叫骂,但是突然,他停下来,因为他看到船上没有一个人。

船是空的,他没有骂,不是不想骂,是因为被骂的对象不存在。那是一条"虚舟",只是因为上面没有人。那么你为什么不能全然接纳那条船,哪怕那上面有人呢?当你接纳了,你不会愤怒,你放弃了争斗,你的空间放大了,开始平静起来,很可能摇了摇头,笑了。

在生命的河流中,我们不能够推动河流,我们只能够漂浮。就像列子的师父壶子一样,漂浮在宇宙的波流当中,可以"性余而至乐"。不去骂那条虚舟，而且让自己化为那条虚舟。同样可以"性廉而至静"，让内在干净而且单纯。有人说神就是光，其实，神既是光，也是黑暗。就像一根树，既有向上的枝干，也有向下的根系。

贪官们收了很多赃款，奸商们赚了很多黑钱，他们怎么可能宁静呢？因为，这些又黑又脏的东西并不是金钱，实际上是他们内在念头的动荡投影。他们在与自己内在的神抗争。

南宋大诗人陆游认为"至乐"就是睡一个好觉，他在《即事》诗中写道："纸洁晴窗暖，粳新午饭香。嗜眠为至乐，省事是奇方。孤蝶弄秋色，乱鸦啼夕阳。诗情随处有，信笔自成章。"北宋大诗人黄庭坚认为"至静"就是一个好心情，他在一首诗中写道："至静在平气，至神惟顺心。道非贵与贱，达者古犹今。"

天之至私，用①之至公。

注释　1 用：功用，指奉献。

译文　大自然始终按自己的规律运行，它奉献给世界的却是无上的公正。

注评　尹曰：治极微。

良曰：其机善，虽不令，天下而行之。天下所不能知，天下所不能违。

筌曰：天道曲成万物而不遗，椿菌鹏鹞，巨细修短，各得其所，至私也；云行雨施，雷电霜霓，生杀之均，至公也。圣人则天法地，养万民，察劳苦，至私也；行正令，施法象，至公也。

孙武曰：视卒如爱子，可以俱死。视卒如婴儿，可与之赴深溪。爱而不能令，譬若骄子。是故令之以文，齐之以武。

解读 注评中的"孙武"，字长卿，春秋末期齐国乐安（今山东省北部）人。中国春秋时期著名的军事家、政治家，尊称兵圣或孙子（孙武子），又称"兵家至圣"，被誉为"百世兵家之师""东方兵学的鼻祖"。

儒家认为，身体不仅仅是自己的，还是父母的，也是社会的。你好好保养身体，看起来这是一种自私，但父母尚在，需要赡养，这就叫作孝，是一种无私；更为了国家和社会的利益，做到"杀身成仁，舍生取义"，这就叫作义。

私心是偏爱的，是一种故意，有意识地，明知不应或不必这样做而这样做。至私却是博爱的，没有居心、蓄谋。蚊子叮咬了你一口，它没有居心、蓄谋，它只为食物，因为母蚊子要怀孕。公蚊子是完全的素食主义者，没有吸血管，只是在早上会吃一些露水和植物液体，但母蚊子只有吸血后，它的卵才能成熟。这同你路过一棵果树旁，从树上摘下一个果实一样，你除了把它当作食物外，而不是产生了偷窃的故意才伸手摘下果实。

无论蚊子还是摘果者，用之于私己，但所作所为却是共生的，这是老天大公无私的安排。大自然的生机是至私，大自然的杀机是至公，对于万物有生也有杀，这就是大自然的天性。

下面这个故事出自《史记》：吴起，战国兵家代表人物，他当将军时，与最底层的士卒穿同样的衣服，吃同样的食物，睡同样的床铺，行军时同样步行，同样背负着自己的军粮。有一位士卒伤口化脓了，吴起为他用嘴吮吸出来，以便治疗。士卒的母亲听说这件事情，号啕大哭。身旁的人说：

吴起吮痈

"你的儿子只是一个小卒,而将军亲自吮吸他的脓疮,为何哭呢?"士卒的母亲说:"这不是你所能想到的,以前,吴将军就曾亲自用嘴为孩子他爸吸脓疮,他爸爸因此打起仗来,奋勇向前,毫不退却,最后战死了。吴将军今天又为他的儿子吸脓疮,我当老妈的就知道,他也快要战死了。所以我才哭啊。"

按"注评"中孙武的说法:那些舍身忘私的人,可能有一天成为众人学习的楷模,争相模仿的榜样，这是一种至公，他们由此而获得了很高的荣誉和地位的奖励，这是一种至私。

黄庭坚认为破除门户之见，大胆录用人才是一种至公境界，他在诗中写道："成王小心似文武，周召何妨略不同。不须要出我门下，实用人材即至公。"

还有一种说法来自李筌，他认为：成圣是一种自私的找寻过程。

孙武像

禽之制在气[1]。

注释 1 禽：鸟类。制：控制，掌握，指驾驭。

译文 鸟类通过驾驭气流而飞翔。

注评 太公曰：岂以小大而相制哉？

尹曰：气者，天之机。

筌曰：玄龟食蟒，鹳隼击鹄，黄腰啖虎，飞鼠断猿，蛏蛭唶鱼，狼犴啮鹤，余甘柔金，河车服之，无穷化玉，雄黄变铁。有不灰之木，浮水之石。夫禽兽木石，得其气，尚能以小制大，况英雄得其气，而不能净寰海而御宇宙也？

解读 这句用飞鸟来做一个美妙的比喻，说明大自然施恩于万物，统摄的方式是调和其气，具体表现为寒、暖、阴、晴等。

吴起说："凡兵有四机：一曰气机，二曰地机，三曰事机，四曰力机。三军之众，百万之师，张设轻重，在于一人，是谓气机。"气机是古代军事术语，用兵的关键之一，指将帅的气度、决断等，用在老百姓身上，相当于心气的意思。所以有俗语说："三军可夺其帅，匹夫不可夺其志。"所谓志者，心气也。

这个无形的东西才是决定事件发生与发展的关键。这个无形的东西是什么呢？在天叫气，在人叫神。所以道家中的大炼师们把这里的"禽"理解为心，"气"理解为神。因此，修炼金丹大道，就要专心制气，才能骨换身轻，像禽鸟一样翱翔太空。全真教教主王重阳通过"风"对"禽"的作用来说明命对性的作用："性若见命，如禽得风，飘飘轻举，省力易成。"杭州历史上的第一位状元施肩吾真人写过一首诗:"气是添年药,心为使气神。能知神气主,便是得仙人。"所以,在古代,仙人又叫羽客,道士也被称为羽流。

孙悟空可以一个筋斗云,瞬间飞出去十万八千里。列子也能够乘风而行,衣袂飘飘,而且可以不急不忙连续飞行十五天,那样子实在轻盈美妙。他

元华祖立绘《玄门十子图》之列子

这样乘风而行，免除了用双脚行走的劳苦，所凭借的就是风，无风便不能升空飞翔了。这与庄子所描绘的鲲鹏是一样的，没有风列子也不是想飞便能飞的。

庄子在讲到这个列子的故事时，认为列子并不是自由自在的，没有达到逍遥游。对于列子所御之风，庄子把其引申为世俗之物，是一种外力，把列子乘风而去之地，理解为列子心中还有所向往，还有"可欲"，并没有达到"至人无己，神人无功，圣人无名"的境界。

这是庄子对前辈的判断与认识。我们再来看看另外一个有关版本。这个版本记载于《列子》中。尹生想学列子乘风而行的绝技，就住在列子家，好几个月也不回家看望家人，只是很认真地做事情，"请教我御风的绝技吧，教我吧"，尹生一再恳切央求，可是列子总是默然不理，在肯求了十次都没有得到传授后,最后尹生实在没有了耐心,便愤然离去。

几个月后尹生又回来了。列子问:"为何去而又复返呢?"尹生说:"我想明白了,是我自己太急切、太鲁莽了。"

"我以为你很明白事理,没想到你竟然如此浅薄。坐下,我把我学到的东西讲给你听。自从我拜壶子为师以后,经过了三年时间的磨炼,变成了心中不敢有是非念头,口里不敢说利害得失,这才勉强赢得老师多看我一眼而已!五年以后,我反而变成了心想是非、口言利害,这才勉强博得老师会心的一笑。七年以后,我已经达到从心所念而无是非对错,随口所言而无利害得失了,老师才要我跟他并席而坐。

九年以后,任由我心中所想,口中所说都不会涉及是非利害了,内心的思考和外界的界限就荡然无存了，可以把眼睛当耳朵，耳朵当鼻子，鼻子当嘴巴，所有五官也都没有什么区别了。我的心神凝聚，形体消释，只觉内外如一，骨肉都与自然融为一体了，感觉不到身体有所依靠，不知不觉随风飘浮，最后我也分不清是"风乘我"还是"我乘风"了。

而你现在拜到我的门下为弟子，时间不长就怨愤不满，你的肌肤，天都不会接受，你的肢节，地都无法负载，想脚踏虚空、驾驭风云又怎么能办得到呢？"

禽鸟要飞翔，需要"制气"，而不是"制于气"。成道的境界比这个更高级，我不制气，气不制我。天地就是你的身体，气在你里面的流动，与在你外面的流动是一样的。

生者，死之根¹；死者，生之根。恩生²于害，害生于恩。

注释 1 根：根由，本源，指依据。

2 生：产生，指来源。

译文 生是死的本源，死也是生的本源。恩爱源自于祸害，祸害来源于恩爱。

注评 太公曰：损己者，物爱之，厚己者，物薄之。

筌曰：谋生者，必先死而后生，习死者，必先生而后死。

鹖冠子曰：不死不生，不断不成。

孙武曰：投之死地而后生，致之亡地而后存。

吴起曰：兵战之场，立尸之地，必死则生，幸生则死。恩者害之源，害者恩之源。吴树恩于越而害生，周立害于殷而恩生，死之与生也，恩之与害，相反纠缠也。

解读 注评中的"鹖冠子"，战国时期楚人，他曾游历西南各地。壮年病，双耳失聪，"居深山，以鹖为冠"，故名。终生不仕，唯著书立说，以大隐著称。史称其"鹖冠绵绵，亟发深言，奇言奥旨，每每有也。"著《鹖冠子》一书而闻名于世。

注评中的"吴起"，战国初期军事家、政治家、改革家，兵家代表人物之一。历仕鲁、魏、楚三国，通晓兵、法、儒三家思想，在内政及军事上都有极高的成就，与孙武并称"孙吴"。其所著《吴子》在中国古代军事典籍中占有重要地位。唐肃宗时，位列武成王庙内，成为武庙十哲之一。宋徽宗时追封广宗伯，成为武庙七十二将之一。

万物因生而死、因死而生，有生就有死，有死就有生。世界万物都有轮回，所以佛教里说要看破生死，并给出了出离轮回的不同方法。道教认为生死是一体的两面，就像手心手背。不必贪生，也不要怕死，而且要主动"寻死寻活"，即所谓"大死大活，小死小活"。

如何是小死呢？身死，即小死，身上的痛痒等一概不知，身虽死，心没有死，心还是活活泼泼就是小死。大死呢？就是身、心俱死，与一个"活死人"差不多，就像全真派创始人王重阳当年在"活死人墓"里修道一样。身死，就是小悟，亦即小活；心死，就是大悟，亦即大活。

若将"生者，死之根；死者，生之根"作辩证法式的理解，表达为你中有我，我中有你，当然大有启发。但这样理解一番，也颇引人思考：向生而死，追求遣欲澄心，清静无为；向死而生，人虽必有死，但以寻死的心活着。正如文天祥写的那样："存心时时可死，行事步步求生。"

《黄帝阴符经》虽是"隐藏起来的秘密经文"，但却道破天机。所以直接使用的"贼"与"盗"、"生"与"死"、"恩"与"害"这一类直指本质的概念，阐释宇宙真相。生者即是死者，死者即是生者，不存在先后、始终之说，借"生者"与"死者"表现经义，形容阴阳运作无穷无尽的道理。恩生于害，害生于恩，也是这个意思。道经以示万象，文字只是用来借喻形容，本义并不在文字层面。

放生，本是佛教、道教对大自然的热爱之心和绿色意识的体现，但有些放生的人，他们对被放生的动物能否适应环境存活下来，对于其他物种是否存在危害，全然不顾。所以，这些人自认为是"施恩"于被放生的动物,却不知因为他们的盲目行为,往往加速了被放生动物的死亡,造成"施害"的结果,甚至造成生态的失衡。

父母与儿女之间的恩与害,上级与下属之间的恩与害,师父与弟子之间的恩与害,夫妻之间的恩与害,更是屡见不鲜,不一而足。

现在,我们讲一个夫妻之间的恩害故事。

德国大诗人海涅,在准备参加一次决斗的前一天,他去办了结婚手续,娶了欧也妮·米拉——一个他根本不想娶的浅薄、没有教养的女人。他对自己的朋友们说:"我已经立下遗嘱,所有的财产都留给欧也妮,不过条件是她必须改嫁。我要让世上的某个男人每天为我的去世感到遗憾:为什么可怜的海涅会死去?如果他不死,我也就不会娶他的这个寡妇了!"

海涅、欧也妮这对夫妻之间,以及他们与某个男人之间，恩便是害，害便是恩。在佛教著作《妙色王求法偈》中写道："一切恩爱会，无常难得久。生世多畏惧，命危于晨露。由爱故生忧，由爱故生怖。若离于爱者，无忧亦无怖。"大多数的男男女女，世间纠葛，总难离爱恨情仇。

"小成功需要朋友，大成功需要敌人。"敌人，或者神一样的对手，或者伤害你的人，才会使你强大起来，因为他正在帮助你觉醒。

愚人以天地文理圣¹，我以时物文理哲²。

注释 1 文：现象，特征。理：层次，次序。

2 我：智者，指道中之人。时物：指一定时间内的事物。哲：指智慧。

译文 大众考察了天地的现象与次序，就自以为是，认为自己很神圣，但智者却洞察到事物时时都在变化与发展当中。

注评 太公曰：观鸟兽之时，察万物之变。

筌曰：景星见，黄龙下，翔凤至，醴泉出，嘉谷生，河不满溢，海不扬波。日月薄蚀，五星失行，四时相错,昼冥宵光,山崩川涸,冬雷夏霜,愚人以此天地文理为理乱之机。文思安安,光被四表,克明俊德,以亲九族,六府三事,无相夺伦,百谷用成,兆民用康。昏主邪臣,法令不一,重赋苛政,上下相蒙,懿戚贵臣,骄奢淫纵,酣酒嗜音,峻宇雕墙,百姓流亡,思乱怨上,我以此时物文理为理乱之机也。

解读 这句话的"时物"一词现在不太常用了,但它在古代却是一个常用词。大诗人们也经常使用这个词儿,主要是时节景物、物品的意思。比如白居易的"时物感人情,忆我故乡曲";王安石的"感时物兮念汝,迟汝归兮携幼";杜甫的"操纸终夕酣,时物集遐想"。北宋著名诗人王令的诗句:"时物固有然,盛衰信难概。"意思是,虽然那些事物有模有样的,但这封信却无法说清楚在时光中它们是如何兴盛与衰亡的。无独有偶,元代道士长筌子写的词中也表达过与王令诗句相类似的内容，但意蕴更为深远："更叠翠山屏如悄，时物笔难传。谁能悟，韶华不久，人世非坚。"

天地的文理，即规则与次序是有常可循的；时物的文理，即规则与次序是无常多端的。按"注评"中李筌的说法，就是大众认为天地造就的都不可改变，无可奈何，而道中之人则随机应变，与时俱进。

所以，那些知道天文地理并把其教条化的人是愚蠢的，只有那些知道规律并灵活运用到现实社会中的人，才是一个有智慧的人。因此说，知识可以用来比较，但智慧并不能用来比较；知识可以被学习，但智慧并不能被传授。一些所谓拥有世界范围知识的人，他们那些知识像灰土一样落满、累积在意识的镜子上面，丧失真实反映的能力，并不能清晰反映现实国情，从而采取有效行动，造福于这个社会，他们只是一个传话筒。

现在，我们说一个庄子讲的关于列子的故事吧。

郑国有一个叫季咸的人，能知道人的生死、存亡、福祸、寿夭，并且预言这些事情将会在某年、某月、某时、某日发生，所谓料事如神，郑国的人见了他，都赶紧躲开，生怕被他看出来。列子对季咸心醉不已，彻底着了迷，就回去找师父壶子。

列子对壶子说："我以为师父所修的道是最高的道术，现在我看到更高的道术啦。"

壶子说："我教给你的只是理论，还没有传给你实质性的东西，你怎么可能得道呢？你让那个季咸来一趟吧。"

第二天，列子带着季咸来见壶子。季咸出来后，就对列子说："你师父快要死了，只有十天时间了。"

列子听了很害怕，哭湿了衣衫，去告诉壶子。壶子说："刚才我给他出示了地象，封闭而没有萌发生机,你让他再来。"

列子带季咸再来见壶子,出来之后,季咸对列子说:"真是幸运啊,还好你师父遇到了我,他的病有好转的迹象了。"

列子赶紧把季咸的话转告了壶子,壶子说:"刚才我给他出示了天象,并从脚跟发动了生机,你让他再来。"

列子带季咸再来看壶子,出来之后,季咸对列子说:"你师父的象总是在变化,我看不清楚。等他安定下来,我再来看吧。"

这一次壶子对列子说:"我给他出示了天地阴阳之气相互旋转的冲和之象,是一种源源不断的生机,你让他再来。"

这一次季咸来了之后,还没有站定就神色大变,转身就走,很快就不见了,列子追都追不上。

壶子对列子说:"这一次,我没有展示任何象,我回到了我的根性，完全虚静，我漂浮在宇宙的波流当中，我没有任何意图和方向，我也不知道我是谁啦。所以，他只好逃走了。"

这时，壶子就是混沌的化身。

《黄帝阴符经》开宗明义就讲"观天之道"和"执天之行"，两者无间结合，才能"尽矣"。后世的王阳明"心学"讲究的也是"知行合一"，强调的同样是道上走，事上见。

有一位大学者，携带着很多书籍，准备乘坐渡船到对岸去。大学者问划船的人："你有学过经典吗？"

那个船夫回答说："没有，我没有时间。"

大学者说："你人生的一半已经浪费掉了。"

然后，突然间起了一阵暴风雨，小船剧烈摇晃，随时都会沉下去，船夫说："教授，你会游泳吗？"

大学者非常害怕，全身冒汗，说："不会。"

船夫说："那么你的整个人生都浪费掉了。"

人以虞[1]愚，我以不愚虞，人以期其圣[2]，我以不期其圣。

注释 1 虞：欺骗（一说猜测）。

2 期：盼望，期盼。其：指示代词，相当于"那""那个""那些"。圣：伟人。

译文 大众把欺骗和愚弄当作是最高智慧，智者认为不欺骗和不愚弄才是最高智慧；大众总是期盼出现大圣人，智者从来不会期盼大圣人出现。

注评 签曰：圣哲之心，深妙难测。由、巢之迹，人或窥之。至于应变无方，自机转而不穷之智，人岂虞之？以迹度心，乃为愚者也。

解读 这句的相关版本最多，字词极为混乱，甚至完全矛盾，导致难以理解。

按"注评"中李筌的意思：大众都用自己愚昧的心猜测圣人的境界，用圣人的言行猜测圣人的智慧。我们可以解读为：人们之所以变得愚蠢，是因为盲目崇拜。同样，人们因为盲目崇拜被人所害。人们总是期待着一位伟人给他们带来奇迹。同样，人们因为期待而自己害了自己。

对于一个明智的人，一个洞察并了解了天道的人，他不会盲目崇拜，也不会期待着出现奇迹，不会幻想着能带来奇迹的伟人出现。他更不会认为自己是那个奇迹，或者是那个可以创造奇迹的人。他不是混浊的，他是一个混沌。他甚至接受了别人给他起的"混沌先生"的外号。

张果老是一位修行人，总是骑着一头驴出场。有一天，张果老骑着他的驴，驴跑得很快，当他经过

张果老倒骑毛驴

市场时,人们问他:张果老,你骑得那么快要到哪里去啊?张果老说:你要问我的驴子。张果老知道,他是无法命令一头倔驴的,所以,驴想往哪里走,就往哪里走吧。因为它是一头驴,所以,它往哪里走,都是可以被理解的,或是被原谅的。

我们都知道,耶稣在《圣经》里有这样一个教诲:如果有人打了你的右脸时,你要将你的左脸也给他打。有一个基督徒非常严格地遵从着这类的教诲。有一次一个人重重地打了他的右脸,当然他就将左脸也让他打,因为耶稣就是这样说的。那个人又重重地打了他的左脸，被打的基督徒期待着那个打他的人能转变，被他的慈悲或是退让的举动所感化。但是，那个打出第二巴掌的人，又打出了第三掌，比前两掌更重。

这时，那个被打的基督徒产生了疑惑，不知道该怎么办，因为耶稣并没有说，是否再将右脸给他打。虽然他有些不知所措，但他试着用自己的方式去决定怎么做，所以他就有力地还击了那个打他的人。那个人感到很惊讶，他说：你在干什么？你不是一个基督徒吗？你遵从了耶稣的规则，那是我所期待的，你已经证明了你是一个严格的基督徒，但现在你在干什么呢？

他们双方都怀着一种期待，期待着美好的奇迹发生。但是，奇迹从来不产生于期待当中，而只产生于行动当中。

故曰：沉水入火¹，自取灭亡。

注释 1 水、火：指无情之物

译文 所以说，硬是要沉到水里、冲进火中，实在是自寻死路啊！

注评 良曰：理人自死，理军亡兵，无死则无不死，无生则无不生，故知乎死生，国家安宁。

解读 这句话若只从字面上来解，过于浅白了，会很难理解其中深意，所以就有几种完全不同的解读，主要有"不归之路"和"新生之路"两种。

一种是不归之路："沉水"就是沉迷于钱物，因为水代表财，就像鸟儿的翅膀拴上黄金却不能飞翔；

"入火",就是入五欲(名、财、食、色、睡)之火,欲火自焚。就像喜欢吃烧烤,却不知正被欲望所烧烤。

"自取灭亡",就是自己寿命短了,出横祸了,夭折了,被双规了,家破人亡了。但很多人死都没有死明白,不知道自己怎么死的,总以为是被人所害,却不知是自取灭亡。

人类该如何认知与对待欲望呢?《道德经》第一章中就提出解决方案:"常无欲,以观其妙;常有欲,以观其徼。"徼,是界限、踪迹的意思,老子叮嘱我们,要我们去观察无欲的美妙和有欲的踪迹,或者涉及的程度。《道德经》这句正响应了《黄帝阴符经》的"三盗既宜,三才既安"主旨。不言而喻,欲望需要有一个边界,否则将盗夺过度,如饮海水,愈饮愈渴。

自上个世纪初始,在西方的经济和军事优越性中挣扎的东方知识分子，为寻求民族和国家的出路，全身心投向西方，把东方文化中的自然当成无序，把宁静当成保守，把五行相生当成等级，对五千年"天人合一"的文化进行反攻倒算，彻底革除，造成极深破坏。时至今日，这种影响依然存在，最主要体现在对科技的无限崇拜。这种崇拜强化了整个人类的自负，犯下导致自毁的失误决策，在"万物，人之盗"与"人，万物之盗"之间失衡，并使世界各地的多样性物种正一步一步地遭到破坏，走向最终灭绝。

在科技的无限崇拜中人类只会变得愚蠢，对伟人和奇迹出现的幻想更是死路一条，"三才既安"的局面永远不会出现。

人类若自取灭亡，这对天地来讲是没有感觉的，不要忘记"天生天杀，道之理也"。老子说"天地以万物为刍狗"，人类也终究不过是其他万物的食物而已。在西方的神话里，说人类是月亮的食物，这个神话很值得回味。但是,《荀子·天论》中说:"循道而不贰,则天不能祸",意思是,遵循事物的发展规律而坚定不移,就是天也不能给人以祸害。

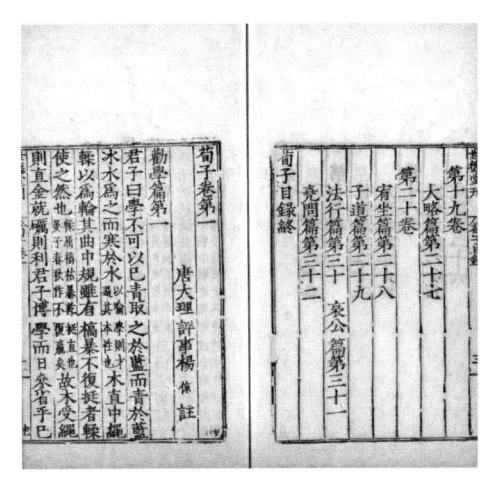

明刊本《荀子》书影

一种是新生之路:在中医学和内丹术中治病与修炼都不离"水火"。《黄帝内经》首先提出:"水火者,阴阳之征兆也。"华佗所著《中藏经》说:"火来坎户,水到离扃,阴阳相应,方乃和平……水火通济,上下相寻,人能循此,永不湮沉。""药王"孙思邈更是在《千金方》中提出"水火相济"的重要性。水,指肾水,在易象为坎卦;火,指心火,在易象为离卦,两卦合为《易经》第六十三卦:既济卦,如果心肾相交,水火既济,就象征成功,此时功德完满,展示在形势恰好时各种变化的可能性。内丹术中更是强调:"三盗循环,相交水火,锻炼成丹药。"(王吉昌词《无俗念·火候不正》)这完全吻合了"宇宙在乎手,万化生乎身"的宗旨。

自然之道静¹,故天地万物生。

注释 1 静:安静,寂静,虚静。

译文 大自然的本源是虚静的,所以天地万物才能诞生。

注释 尹曰:静之至,不知所以生。

解读 为什么我们总是为大自然的美沉醉?你有没有想过,其中到底是什么打动了你。当你面对海洋感受到美的时候,它是静的,连浪花的声音也只是增强了静谧。当你面对草原感受到美的时候,它是静的,连一群羊走过也只是增强了安详。面对着连绵的山峦与无边的冰川,明亮的朝霞或变幻的晚霞，使你沉醉其中的美。是否有那么一个瞬间，你整个身体突然静了下来，在静中，你听到了万物的声音，看到万物的本质。

季咸最后一次见到列子的师父壶子时，到底看见什么而吓得落荒而走？壶子给他呈现的不是一片死寂，而是一团虚静，虚静当中却包含着无限生机。季咸吓走了，不是他看到了怪象或乱象，而是看到了深不可测之象，变幻莫测之象。

《黄帝阴符经》是早于《道德经》面世的，若把《道德经》看作是一本百科全书，那么，可以把《黄帝阴符经》理解成是这本百科全书的总纲。《道德经》中的至静观点，大多数都来自《黄帝阴符经》。老子还创造了一个非常美的词：虚静。他说："致虚极，守静笃。万物并作，吾以观其复。夫物芸芸，各复归其根。归根曰静，静曰复命。"意思是，达到虚无处，守住清静地。万物一齐兴起，我看见了繁茂生长，也看见了纷纷凋零，落在根部，万物安静下来，各自又回到它生命的本源上。

老子说："清静为天下正。"清静可以作为天下人的示范，无论是圣人还是百姓，都应该保持心理上的宁静状态。静才能定，定才能慧，清静的状态下才能有最清醒的智慧出来，才能更好地把握当下的时事与规律，做出最好的决定！

作为个体来讲，沿着"法地、法天、法道、法自然"的脉络，需要主动进入"静态"。方法是打坐，即静坐。这是每个人都需要掌握的一门技能。说到打坐，往往想到的就是佛家和道家的修炼，其实儒家也讲究打坐。南宋大儒家朱熹说："始学工夫，须是静坐。"把静坐当成了儒家入门的基本功。王阳明是明代大儒，他甚至强调说："究极仙径秘旨，静坐为长生久视之道。"王阳明去南昌迎娶媳妇，在结婚的当天，大家却找不到他了，原来他跑到一座道观里,遇到了一位道长,就跟人家学打坐了。结果打坐就入静了,一直坐到第二天清晨才回家,害得新娘子新婚之夜独守空房。

中国古代的圣贤认为,对于天地万物、宇宙人生的真正认识,非思维所得,非有为能近,乃是当心神处于寂静不动的状态,与天地宇宙交感的时候,自然如愿地通晓。

静坐可增强人的觉知力、觉察力,是"观天之道"的主要法门,目前还找不出比这个更有效的通用法门。宣化上人说:在禅堂里,行行坐坐,坐坐行行,时间久了自然会有成功的机会,所谓"久坐有禅"。赵州从谂禅师说:"汝但究理,坐看三二十年,若不会,截取老僧头去。"庄子说:"静而圣,动而王,无为也而尊,朴素而天下莫能与之争美。"这个法门也是天下修行人的共法。

天地之道浸[1]，故阴阳胜[2]。

注释 1 浸：浸泡，渗透，指自然渐进。

2 胜：主宰，统御，指运行转化。

译文 天地之道的本质是自然渐进的，因此阴阳运行是相互转化的过程。

注评 良曰：天地之道，浸微而推胜之。

解读 在修行圈里，流传着一个预言：如果你能见到一个老婆婆拿着一根铁棒在一块石头上磨啊磨，就有可能修道成功。

净乐国有一位太子前来武当山学习道教，他在深山中修行十几年未能得道，心灰意冷了，打算放弃修行。一天，他在武当山遇到一位在井边磨铁杵的老婆婆。这位太子很纳闷，问老婆婆这是在干什么。老婆婆说：我在磨针。这位太子很是吃惊：这么粗的铁杵，怎么可能磨成针那么细呢？老婆婆说：只要功夫深，铁杵磨成针。这位太子恍然大悟，继续回去潜心修行。终于成了北方之神——玄武大帝！

不仅赫赫有名的玄武大帝看过老婆婆的表演，大诗人李白在他年幼时，有一阵子无心读书，他也看过一个老婆婆在一条河边磨一根铁棒，也深受启发，终于成为文豪，还在二十岁时成为一个拥有仙籍的道士。

在大唐那个大国年代，一个老婆婆竟然买不起一根针吗？就算是在万恶的旧社会，那些穷人们哪家还没有几根针用？要不那些破衣服是怎么补丁撂补丁的？再退一万步讲，老太太拿个铁棒子去谁家换不回来一根针呢？这么粗的铁棒，老婆婆不用几百年是磨不成针那样细的，采取这种极度浪费金属、浪费时间的方式来完成一个不可能的任务。这只能是一个关于修道的启示，好比师父用来考验心仪的弟子。据说，佛教高僧昙翼也有类似的传说。外在的铁棒不断地磨细，内在的道心却不断增强。

这个铁棒变绣花针的故事，非常形象地表达了自然之道运行的方式是一种浸泡式的，逐渐发生的这种运行的结果是"阴阳胜"。"阴阳胜"也是逐渐呈现的，并非是突然来临的，更不是讲谁打败了谁，而是阴中有阳，阳中有阴，阴阳的循环交替始终是一种过渡状态。

在日本，他们认为白老鼠是一个好的预兆，如果有人突然看到一只白老鼠，他会非常高兴，因为有好事将会发生在他身上。

有一次，父亲和儿子坐在一起吃饭，突然间，他们看见了一只白老鼠，他们两个人都很高兴。那只白老鼠开始在他们的周围跑来跑去，因为他们没有打扰它，所以它就开始在那里舞动。当它舞动的时候，它慢慢变成一只普通的灰老鼠。因为事实上，它掉进过一个面粉桶里面，白色的面粉让它看起来是白色的。当它开始舞动时，它变成了一只普通的灰老鼠。那个父亲和那个儿子都闭起他们的眼睛，因为那个好预兆已经消失了。

这是一个很美妙的故事，事情就是这样在发生，不要看着快乐太久，否则那个白面粉将会消失。看得太久，白天会转变成黑夜，黑夜会再度转变成白天，它是一个循环。这个循环是一种舞动过程。

阴阳相推[1],变化顺[2]矣。

注释 1 推:推动,推让。
2 顺:顺序,顺势,指适合。

译文 阴阳相互推动(相生相克),事物的生长运行都合乎顺序(变化和谐),产生循环。

注评 良曰:阴阳相推,激至于变,化在于目。

解读 当阴推阳时,逐渐阳胜为春夏;当阳推阴时,逐渐阴盛为秋冬。因阴阳相生相克,则四时有序,变化和谐,顺其自然。

阴与阳,并不会发生那种我们所认为的谁打败了谁的事情，更不存在谁消灭了谁的事情。你有一双手，是你的左手打败你的右手，还是你的右手打败你的左手呢？绝对不会！双手之间的上下、左右或者进退、推握是一种节奏忽快忽慢的舞蹈。

在天空上能够飞翔的必须有一对翅膀。当一只飞鸟的一只翅膀受伤了，它只能坠落。在水中能够遨游的必须有一对鱼鳍。当一条鱼的一边鱼鳍被割掉了，它只能打圈圈。如果阴消灭了阳，或者阳消灭了阴，实际上等于说事物被消灭了；但是，道是永恒不灭的。

打开《新华字典》，你看到的第一个字是什么呢？

"啊"！

这个"啊"字有两个读音：一个念 a，一个念 e。

念 a，是表达你降生时发出的第一个声音；念 e，是表达你离世时发出的最后一个声音。它既代表生，也代表死。其实生就是死，死就是生。它们谁也没有打败谁，只是一个向外呼气，一个向里吸气而已。这两个声音之间，你曾经发出过各种各样的声音，温暖的、温柔的，或者冷酷的、暴怒的。在这两个声音之间，就是你的整个生命。

是故，圣人知自然之道不可违，因而制之[1]。

注释 1 因：依循，顺着，沿袭。制：规定，制作，制定。

译文 所以，圣人明白自然之道不可违背，就依循它而制定了各种法规。

注评 良曰：大人见之为自然，英哲见之为制，愚者见之为化。

尹曰：知自然之道，万物不能违，故利而行之。

解读 这句话的难点在"制"，而重点在"因"，是对"观天之道，执天之行"的再一次强调。你的所作所为唯有符合与顺应自然之道，而不是背离与叛逆自然之道。

四川都江堰水利枢纽工程是李冰父子的一项伟大的创造，它根据江河出山口处特殊的地形、水脉、水势，乘势利导，无坝引水，自流灌溉，使堤防、分水、泄洪、排沙、控流相互依存，共为体系，保证了防洪、灌溉、水运和社会用水综合效益的充分发挥，建堰两千二百五十多年来经久不衰，一直发挥着效益。

都江堰建成后，成都平原沃野千里，"水旱从人，不知饥馑，时无荒年，谓之天府"。由此，我们可以认识到古人的智慧，后人以大王庙、二王庙世代祭奠李氏父子，以报恩德。

无论是《黄帝内经》还是《孙子兵法》，都强调五行无常胜，也即"阴阳胜"，背后的原因正是阴阳两仪相推，四时轮转，变化顺矣。自然之道不可违，

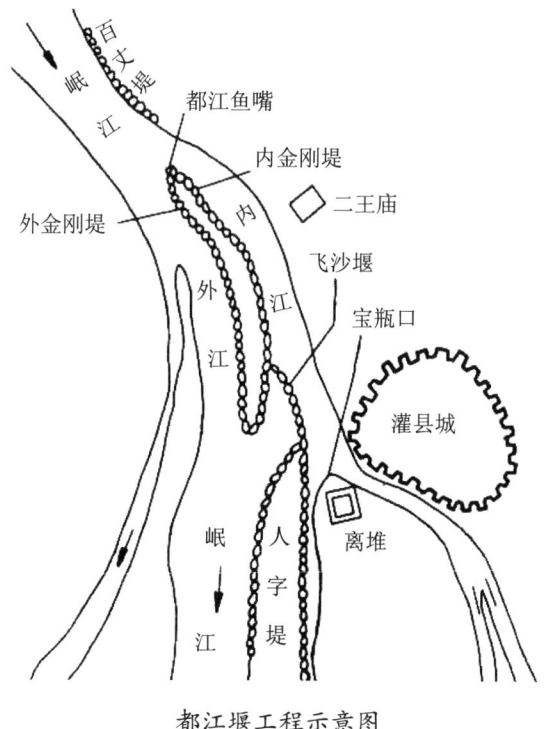

都江堰工程示意图

可谓命矣。制天命而用之,可谓法矣。《易经》说"制而用之谓之法",就是这个意思。

我们知道自然之道不可违,则以无为而从之。如果以有为,就依循它而制定各种法规,也是便于天地之道为我所用。我们开车如果总是逆行，车祸必然在那里等着。

现在常见到的"叛逆"的事情就是产妇的剖腹产了，很多产妇并不是为了抢救胎儿，只是为了减轻自己原本必须遭受的阵痛，提前切断了胎儿与母亲的联系，而某些医院总是有意无意地通过这项大多数情况下可以避免的手术增加收入。

剖腹产可能降低新生儿的免疫力及抗感染能力，容易使孩子得感觉统合失调症，导致孩子在成长过程中想的和做的不是一回事，他们的思维往往无法约束自己的行为。因孩子降临人世时的过程人为变化，正常产道生产过程带来的神经接触等感觉被破坏，从而使孩子在成长过程中易得多动症等行为异常疾病。

我们喜欢从社会中获得启发，从而在大脑中创建了很多的规则，这些规则都是看别人在做什么的过程中创建的。我们习惯于顺应社会，而忘记了顺应自然。在顺应社会的过程中，开始扭曲变形，导致了抑郁或者发疯。如果能够顺应自然，才能"宇宙在乎手，万化生乎身"，所有的创造才能给自己带来福祉。如果能够顺应自然，整个社会才会和平与安详。

至静之道，律历所不能契¹。

注释 1 律：法则，规章。历：历法。契：相合，相投，指体现。

译文 至静之道，是律法和历法所不能完全体现的。

注评 良曰：观鸟兽之时，察万物之变，鸟兽至净，律历所不能契，从而机之。

解读 自然是道，律历是法。律法和历法是有形的，无法完全揭示无形的至静之道。律法和历法是特殊的，是无法符合普遍的至静之道的。律法和历法是有限的，更不能包括无限的至静之道。

《黄帝阴符经》所描写的潜藏在万物后面的大道，人间的文字、人间所有的法律和制度都不能够完全表达它，都不能够完全揭露它的秘密。

"契"就是以心印心，就像谈恋爱一样，必须要心灵相约，所以和尚"传法不传心"，所以道士"传药不传火"。不是不传，而是传不了。因为那种玄妙、美妙是难以言表的。他可以给你一本经书，他可以坐在这里给你讲经，但是他心中的那种没有被语言表达出来的内在的东西，确实没有办法掏给你。纵然他很会表达，他表达的也只是你们能够听懂的那部分。

佛手拈花

只有心与心的相互契印才能体会，因为相互契印就是不传而传，所以才有释迦牟尼佛"拈花微笑"，乃至于从达摩一直到六祖，都是以心传心。

有一次，一个修行者跑进一个警察局，他全身赤裸，后面有一群人跟在他的后面。他对警察说：我被偷了，一切我所拥有的都被偷了，就如你所看到的那样，我的外套、我的衣服、我的床、我的被、我的坐垫、我的枕头和我的雨伞，每一样东西都被偷了。警察写下了整个被盗清单。

然后，有一个人从跟随的人群中出现，他将一件旧毛毯丢在警察的面前。他说：这就是我从这个人身上偷来的一切，只是一件破烂不堪的旧毯子。

那个修行者拿起那条毯子盖住自己的身体，开始走出警察局，警察上前阻止他说：你必须解释一下，因为你列的被偷的清单很长，而那是假的，你报假案。

那个人说，不，因为这就是一切，下雨时，我用它当雨伞；睡觉时，我用它当作床，而这是我唯一的衣服，天气冷的时候，我用它当外套；白天时，我用它当坐垫;晚上的时候,我会拿它当枕头,这些就是我这条毯子的功能。这就是我拥有的所有东西,那个被盗清单并不是假的。

这是一个寓言。道为体,德为用,"体"只一个,"用"却有很多。那条毯子可以是床,但床却不可能是毯子。所以,那条毯子是"一",却有很多用处,可以涵盖一切,是整个世界。

爰有奇器[1]，是生万象[2]。八卦甲子[3]，神机鬼藏[4]。

注释 1 爰：于是。奇器：神奇的器具（一说指《易》，另一说指心神）。

2 象：现象，象征，道理，指事物的本来面目。

3 八卦甲子，指用来推演宇宙（空间和时间）以及各类事物之间关系和事物发展程度的工具。

4 神机鬼藏：玄机，奥妙，指隐显莫测、变化无方的事物。

译文 于是有了神奇的器具，可以产生各种象征，使用八卦和甲子等易学术数来推演，隐显莫测、变化无方的事物都能一清二楚。

注评 良曰：六癸为天藏，可以伏藏也。

解读 自然是道，律历是法，八卦甲子是术，至此，道法术，全部齐了。

我们平常说"器量"一词，引申为才干度量的意思。老子说："大器晚成。"这里的"器"指的是心神方面。老子又说："天下神器，不可为也，不可执也。"这里的"器"指的还是心神方面，意思是普天之下，修炼心神，都要无为，都要不执着。

心神之器，只是方寸之地，却变化多端，各种念头都能呈现出不同的象，正所谓"天性，人也，人心，机也"。这些不同的象可通过八卦与甲子系统呈现出来。佛教的"相"与道教的"象"在对于形象方面的阐述时，"相"主要适用于显性状态的外表描述，而"象"则适用于隐性状态的内涵描述。

"奇器"在老子那里可能又称为"橐龠、谷神、玄牝",指的都是自然之道,所以才能"是生万象"。"奇器"之所以奇,就是因为它可以变化无穷,但是"奇器"并不能等同于自然之道。

《易经》说:"形而上者谓之道,形而下者谓之器。"器,是有形质的器皿。我们的身体是我们的心之器,我们的心是神之器。"道"进入人身之内,人就成为载"道"之器,这个器用得好就能发生奇迹。所以道家把身体当作宝船,当作帮助我们学道修仙的登天梯。

吴筠是唐玄宗时期的著名道士,也是李白的好朋友,推荐过李白做官,他主张神仙可学的道理。他说:"故金藏于矿也,不冶而为石;道在于人也,不炼而为凡。"

这个身体的奇器就是专门为修炼而准备的。

奇门遁甲是古代三大术数秘宝"奇门""六壬""太乙"中的第一大秘术,为三式之首,最有理

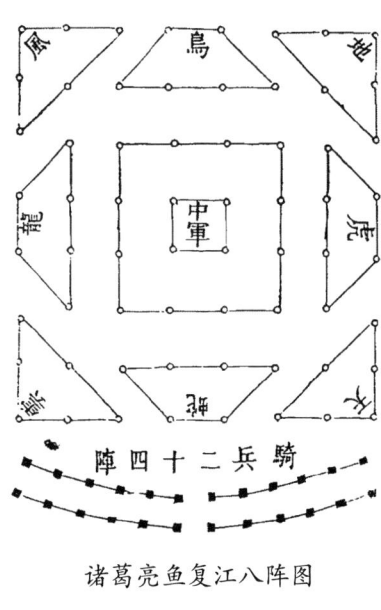

诸葛亮鱼复江八阵图

法,被称为黄老道家最高层次的预测学,号称帝王之学,据传为九天玄女授予黄帝的,在古代这为一种基本共识。唐代刘禹锡在《观八阵图》诗中写道:"轩皇传上略,蜀相运神机。"元代著名画家、诗人、篆刻家王冕在诗《梅花易洞为胡伏臣赋》中写道:"梅花拥林屋,潇洒极静深。清风散余香,皓月登虚阴。中有学古人,坐窥天地心。神机一感动,妙化不可寻。持诚问先民,羲皇有余音。"北宋王安石在一首诗中写道:"鼎湖龙去字书存,开辟神机有圣孙。湖海老臣无四目,谩将糟粕污修门。"意思是，黄帝在鼎湖乘龙成仙，留下可以了解宇宙奥妙的"奇门遁甲"，但后人却有眼无珠，不把它当作修行的法门，却只是用来赚钱谋财。

在奇门遁甲将这二者（空间系统"八卦"和时间系统"甲子"）按一定规则组合在一起，以天（九星）、地（九宫八卦）、人（九门）、神（九神）构成了一个天地人神为一体，多维立体的动态宇宙思维模型，借此洞察"神机鬼藏"，即隐显莫测、变化无方的事物、玄机与奥妙；预测万事万物的变化，趋吉避凶。

虽有神机妙算之说，但谁人能够真正窥破神机？南宋藏书家、书画家王柏在诗中写道："知和而和当有节，节贵得中忌超越。造化神机岂易窥，天上不知谁理燮。"张继先，北宋末期正一天师道第三十代天师，其思想影响了"心学"的祖师爷陆九渊，他在《忆桃源》词中写道："白云堆里采芙蓉。

枝枝香艳浓。灵龟畔岸起祥风。楼高十二重。黄金殿，碧云笼。丹砂透顶红。神机运处鬼神通。清真达上宫。"白居易在《不与老为期》诗中写道："不与老为期，因何两鬓丝？才应免夭促，便已及衰羸。昨夜梦何在，明朝身不知。百忧非我所，三乐是吾师。闭目常闲坐，低头每静思。存神机虑息，养气语言迟。行亦携诗箧，眠多枕酒卮。自惭无一事，少有不安时。"

对于他们来说，窥破神机就是得失两忘、万物齐一的态度，就是超然物外、随遇而安的情怀，就是澄心静虑、返观自身的旷达，就是安稳祥和、幸福快乐的洒脱，就是修道学仙、修身炼性的人生。

阴阳相胜之术，昭昭¹乎，进乎象矣。

注释 1 昭昭：光明，指明辨事理。

译文 通过阴阳演化的原理和方法，一切事物都可以推断出它们的本来面目。

注评 亮曰：奇器者，圣智也。天垂象，圣人则之。推甲子，画八卦，考蓍龟，稽律历。则鬼神之情，阴阳之理，昭著乎象，无不尽矣。

亮曰：八卦之象，申而用之。六十甲子，转而用之。神出鬼人，万明一矣。

良曰：万生万象者，心也。合藏阴阳之术，日月之数，昭昭乎在人心矣。

广成子曰：甲子，合阳九之数也。卦象，出师众之法。出师以律，动合鬼神，顺天应时而用，鬼神之道也。

解读 黄帝说："阴阳者，天地之道也，万物之纲纪，变化之父母，生杀之本始，神明之府也。"所以，《易经》中看似简单的二进位制被现代计算机系统所采用，分析和处理各种复杂的信息数据，就不显得匪夷所思了。孟子说："贤者以其昭昭，使人昭昭。"意思是：贤能者以他的明辨事理，使人也能明辨事理。他们也是通过对"阴阳相胜之术"的把握，让自己拥有"昭昭"的神奇能力。

孟子像

虽是"天地万象",但用这个八卦甲子推算的"阴阳相胜之术",使世界上每一个细微的变化,都能通过这里面的每一个"象"的进度很明白地显现出奇门遁甲,这个神秘的"易",被历代的政治家、军事家和智谋之士所重视。他们从中找到前进的道路,明了进退的主动性,避开麻烦,就近吉祥。这里面有各种复杂的"象",其实亦是自然的变化所在,他们若能建功立业,只是因为他们在努力透过现象看本质的过程中产生的一些作为而已,正如庄子所说:"帝王之功,圣人之余事也。"

但大多数人也始终只能看到有限的,《易·系辞上》:"天垂象,见吉凶,圣人象之;河出图,洛出书,圣人则之。"因此,只有极少数人(圣人)才可以达到像心学大师陆九渊所说的"宇宙即是吾心,吾心即是宇宙"的物我交融情形,那时才可真正到达宇宙中心。正如释迦牟尼佛一样,在菩提树下看到天上的明星，完成了物我同一。他们修道开悟，无须抽签，不用打卦。

"观天之道，执天之行，尽矣。"宇宙没有隐藏什么，"昭昭"就像日月星辰在天上一样。《黄帝阴符经》没有隐藏什么，就在你的面前，昭然若揭，它现在想告诉你所有的宇宙奥秘与全部真相。

天道是无私的，从来没有藏着掖着，一切都清清楚楚地在那里，等着你来发现。

整部《黄帝阴符经》读下来，若有很多不理解，那么请记住：不理解的是道，理解的是理。

后记

在我著述的前一部作品《辟谷简史》的扉页上，我引用了《黄帝阴符经》中的一句话："宇宙在乎手，万化生乎身。"我深刻地认为，辟谷可以成为一个人的自我救赎之路，一种东方文化独有的人本主义的伟大实践，并因此带来人类的觉醒。

当《辟谷简史》出版事宜得到落实时，我再一次翻开了《黄帝阴符经》，瞬间，我仿佛突然跨进了一个玄关，看到了一个神秘中心。于是，我决定用自己的方式来解读它。我决定去做，而不是去想。我不能让逻辑成为制约我的迷宫，我要试试能否通过全然沉浸，使自己安静下来，收获一个全新文本。

庄子留给世界三十三篇妙文，只是为了告诉人们：你是长着翅膀的，可以飞翔，不要爬行。但是在最后一篇中，庄子提醒说："道术将为天下裂。"他说："古人讲的道术无处不在，而今变质成为学术，难复旧观，陷入危机，前景暗淡。有一个人，耳不聋，目不盲，鼻不塞，嘴不哑，可就是耳目鼻嘴之间的联系被切断了，成了废物。百家百派组合成学术界，很像这个废物。孤立地看，每家每派皆有一技之长，偶尔也能有用处。可惜他们是专家，听的专听，视的专视，嗅的专嗅，讲的专讲，彼此隔绝，不能旁通，所以都很片面，没有普遍的见识。"（译文引自流沙河先生）

中华文明的载体，所谓的三坟五典八索九丘诸子百家，被焚被删，或片纸无存，或面目全非，或因注释者的传承背景，或出于注释者的主观取舍，造成了各种注本的出现，甚或互相攻讦。所有人都无法跳脱自我的藩篱，带来的只有繁荣的虚幻景象。

陆游对此曾屡屡发出叹息："世衰道术裂，年往朋友散。""千年道术裂，谁复见全浑？""努力更思恢道术，酒杯虽把不须深。"这一叹，又过千年。

虽然道术时裂，但是道却始终没有消亡，因为中华民族的使命就是为人类文明传承这种天人合一的"源头文化"。只要中华民族薪火相传，生生不息，道就会源远流长，绵绵不绝。在《庄子》第一篇《逍遥游》中，就有一只双翅展开有九万里的大鹏，冲天而起，成为中华民族的象征。但是大鹏起飞也必须凭借水势，努力拍打翅膀，划水三千里，才可能升空。近年来，恰逢大鹏展翅之盛世，《黄帝阴符经》虽是"隐藏起来的秘密经文"，却逐渐得到愈来愈多学者的关注。本人所作的注释、译文与解读也未必是《黄帝阴符经》的真实本义，仅是对先贤智慧的窥测罢了。本书若能鼓吹一缕微风，方便一部分有缘人借此了解先贤的智慧，有所启发，更好地参与到中华民族伟大复兴的历史进程当中，作者将会兴奋地深酌一杯，以示尽矣。

《黄帝阴符经》教诲说："知之修炼，谓之圣人。"老子说："上士闻道，勤而行之；中士闻道，若存若亡；下士闻道，大笑之。不笑不足以为道。"有时候，当我们听到一支乐曲，整个心随之颤动，四肢不知不觉开始轻微舞动，身体即将摆动。有的人开始舞动起来，有的人只是晃动着脑袋，但眼睛却四处打量着。是什么让他不能放开手脚随着音乐起舞，而只是带着晃动的眼神呢？在解读《黄帝阴符经》的过程中，我反而重新解读了自己的生活，发现自己其实就是绝大多数"若存若亡""中士"中的一员。这些人是社会的稳压器，但是，这本书却想写给他们，因为大多数的他们或许有朝一日成为社会的发电机。

本书的创作得到了我心传导师的启发，他宛如老子的化身，书中引用了他的若干故事。本书的出版得到了"善品堂"的鼎力协助，在此一并郑重感谢！

道为时裂亦有以，古道全收天地美。道非一道安可穷，时心好变将胡止。

附录一

阴符经真诠

阴符经真诠自序

吾国古所传书,莫若《阴符》之精且奥也。其精也,义也。其奥也,文也。周秦书,人每苦于难读,况周秦而上者哉!书既难读矣,而又弗深思,则安能解其义理,知其归趣?所以悬断附会,纷然莫衷一是。

邵子尧夫谓《阴符》七国时书也,程正叔或殷或周之,朱元晦直疑李筌所伪作。欧阳巽齐谓此书独用反语而合于正,莫知何人作。胡应麟不知太公《阴符钤录》是周书《阴符》,此是黄帝《阴符》,以为一书,谓是苏季子之所读书。今载入《四库全书》目录子部者,有解一卷,旧本题黄帝撰,太公、范蠡、鬼谷子、张良、诸葛亮、李筌六家为之注,此注盖伪托也。其人殆亦胡应麟之流，以为兵书而兼道语，故以善用兵者如太公等数人附会为注，又疑为捭阖家所尚，加鬼谷子之名也。唐李筌欲是书之传也，诡言自至嵩山得魏太武时道士寇谦之所藏《阴符》于虎头岩石室中，读千遍未晓，有骊山老姥授以阴符玄义云云。其说几似《齐东》。其所藏者寇谦之，故非兵家也。乃李筌又述之云：视其精微，黄庭内景不足以为玄。鉴其至要，经传子史不足以为学。较其智巧，孙吴韩白不足以为奇。盖李筌者，有将相才。虽为李林甫所排，入山修道，而故习未改欤？朱元晦疑筌之所自作而诡其传，以今观之，其义理之奇特，朱先生且不能自作，而况李筌？唐初，褚遂良尝书《阴符》为小楷，或谓此小楷出于文征明家，石之真伪难必，以此龉龊之，务使古圣贤所传之国粹尽绝而后快。然褚公固得太极丹真人注《阴符》于长孙赵国公无忌家焉，则何以排之？而唐之张果，亦玄宗时人，曾谓《阴符》自黄帝有之，其文简，其义玄，则阴符之传也久矣。丹真人与寇张，皆道家也，故《阴符》遂为道书冠。同光间，石埭杨仁山先生文会，笃好佛乘，以所好注《阴符》，《阴符》又通于佛家之言。宋魏了翁言李嘉猷博通百氏，深于《易》，笃好《阴符》《参同》不懈，可知与《易》同用云云。

要之，理虽相通，而佛自佛，道自道，兵家自兵家，《阴符》自《阴符》，而佛家、道家、兵家亦未尝不可读《阴符》以自广。《阴符》盖黄帝所传书也。其注此书者，李筌有《太白阴符》十卷，而其前丹真人亦早有注。是二种外，从来注《阴符》者，《四库全书》目录所载有《阴符经解》一卷，即六家注。《阴符经考异》一卷，即朱子所撰。《阴符经讲义》四卷，宋夏元鼎撰。《道藏辑要》所载有十真注，通玄先生注，王道渊注，沈亚夫注，苍厓注，又有元阳子颂与玄解，俱见斗集。通玄先生即张果也。其言稍有近理者，然皆间多附会。郑樵《艺文略》载《阴符注》之目，有三十八部五十一卷，可见文人学士好读《阴符》，以为吾尝读奇书。然文义之未必了解，可类推而知也。朱子元晦所撰《阴符考异》，未见所长，就注言注，不如杨先生立言虽未详，犹可自圆其说。而通玄注亦道家之古注，杨氏、朱氏、张氏及魏氏数语，余间取之矣。

其所以信服此经而为之真诠者，忆昔卯角时，先祖萼庭公授以褚书《阴符》，年事增，能属文，又爱其文高古，千遍熟读之。今二十余年矣，试背诵，前后不相贯，不读久，几等忘却。适有友生因余道及《阴符》名，耳中未尝闻，曰：先生，吾国最古之书何书也？余曰：易象最古，次则《阴符》矣。遂亦命之读千遍。为是起予，乃探索其义，条分缕析其文，又取古圣贤书一一为之证明。俾道所道者，疑所疑者，诬所诬者，诞所诞者，攻所攻者，赞所赞者，一概而等之于（縠）者，以阐昭明经旨，不负我古圣人黄帝有熊氏。且并以诏来者，解其惑，增其信，使知吾国上古之学有卓然如此，予以爱敬凄怆，追慕洛诵，而不敢訾非。庶几道有所传，即其下焉者，或不致如唐宋人之谬妄乎？有志者爱读黄帝所传书，推之黄帝之所遗斯民是爱，而又即以黄帝之道教斯民，安斯民，爱国心真，清净不苟，此又区区之微意也。至其可与易象先后天相发明处，同文故来，聊见一二而已，犹有易象未全废故也。嗟夫！经文虽奥，言何尝反，经义则实是纯粹精也，乃于今四千余年，翦陋如余，而顾有此真诠也夫！

庚申孟夏无锡黄元炳自序于忘我斋

引申篇

阴符本文，如上所载，诚古奥难读，往往有如李筌之诵千遍而不知其意旨者，盖精简使之然耳。因不揣固陋，为引申之，俾其文之面貌与今文不相悬远，庶几读本文后得此引申文，略知其归趣，接阅真诠，不徒事半功倍，而且妙绪环生，逢源左右，好而能乐，虽欲中辍，不能自已矣。至于仁者见仁，智者见智，固不可以此引申文为究竟也。

庚申孟夏无锡黄元炳识

观天之道，执天之行，尽矣。盖天有五贼，见之者必昌。夫五贼，本在于心而施行于天耳。及至宇宙且在乎手，自然五贼亡，而万化生乎身矣。天性者,即人也。而人心者,贼机也。杀贼机者,立天之道以定人也。天发杀贼之机,则移星易宿;地发杀贼之机,则龙蛇起陆;人发杀贼之机,则天地反覆;天人合发杀贼之机,然后万变乃能定基。性,有巧拙者也,而皆可以使之伏藏不见。人之九窍之邪,在乎三要者也,而皆可以使之动静咸宜。知之乎,火生于木,而火祸发则必克其木也。知之乎,奸生于国,而奸时动则必溃其国也。故知杀贼而以之为修炼者,谓之圣人。

天生之者天杀之,道之理也。天地,万物之盗。万物,人之盗。人,万物之盗。然如天地人三盗既相宜,则三盗又为三才三才既安,故曰食其时物,则百骸理,动其机心,则万化安。然人每苦于知其神之神,不知不神之所以神。夫日月有历数,大小有定体,人何尝以为神乎。而圣功生于是焉,神明出于是焉,岂非彰彰然。乃其盗机也,天下竟莫能见，莫能知。所以君子得此盗机，不知杀，仅以为富贵之固躬。小人得此盗机，不知杀，且以之轻命而速祸也。

瞽者善听，聋者善视。如能绝其便利于其一源之处，必有用师十倍之力量。及三反用功，使如昼夜之无间断，自必有用师万倍之力量也。听与视，心也。心生于物，死于物，其机在目而为贼。不思天之无恩，而大恩生乎。迅雷烈风之所加，物莫不蠢然而动，此正可取法，而杀吾在目之贼机，以活泼天机也。今夫至乐性余，至静性廉，天之至私，用之至公云云，皆拟议之辞。真人不过禽之制在气五字，而盗贼歼除无余。试观盗贼，彼以生者为死之根，死者为生之根。又以恩生于害，害生于恩。鸱张尔尔，何可不杀哉。乃愚人犹以逐天地之文理，自以为圣，是认贼作子也。我则不然，我以时物文理哲。又，人自愚不察，反以愚虞度圣人。我则不然，以不愚虞度于圣。又，人好奇心不去，反以奇期望圣人。我又不然，以不奇期望于圣。而彼迷人，不与同心。故曰沉水入火，自取灭亡于循环律也。岂知自然之道静，故天地万物生。天地之道浸，故阴阳胜。阴阳相推，而变化顺之矣。是故圣人知此自然之道不可违，故因人欲逆动而制之使顺也。夫吾所谓至静之道，自然矣，律历所不能契。爰有奇器，是生万象以契之。其奇器有六十四卦成先天大象总名八卦者，与六十干支总名甲子者之神机鬼藏焉。斯阴阳相胜之术，昭昭乎进乎象而知执行之矣。

阴符经真诠

无锡黄元炳笺释

|上篇|

阴符经

阴,默也,暗也。符,合也。

《国策》:齐秦之交阴合。

杨文会先生《阴符经发隐》:妙合大道,名之为符。

经,常也。《文心雕龙》:三极彝训,其书曰经。经也者,恒久之至道,不刊之鸿教也。

《荀子》:夫学,始于诵经,终于习体。

《庄子·天下篇》:苦获、己齿、邓陵之子之属,俱诵《墨经》。

《老子》《列子》《庄子》，后人尊奉为《道德经》《冲虚经》《南华经》。《阴符》称经，由来已久，亦如《道德》《南华》，学者尊奉而称之。

《阴符经发隐》：经者，万古常法也。

默契大道之言，可为学者终古之常法，故曰《阴符经》。

黄帝公孙轩辕著

黄帝以诸侯尊为天子，代供神农氏之后而为帝。因有土德之瑞，故号黄帝。姓公孙，以生于轩辕之丘，故名轩辕。著，撰述也。

唐张果《阴符经注解序》：阴符自黄帝有之。

黄帝像

《集仙传》：阴符，一名为黄帝天机之书。

《阴符经发隐》：考古之家，称《阴符经》广成子授之黄，或称黄帝所作，或称玄女，或称风后，莫衷一是。（中略）统观经意，非大圣不能作。上古鸿荒未辟，文教之兴，始于黄帝。故老、列、庄所引用者，多黄帝之言。此经无论何人所传，其微言奥义，必出于黄帝，故以黄帝作为正。

老、列、庄祖述黄帝，每称黄帝言，如无书，何从而祖述之？秦汉时多有治黄老之士，其所治黄帝书，盖此类也欤？今以李鉴、张果、杨先生之说断之，故从同而为黄帝公孙轩辕著。

观天之道，执天之行，尽矣。

观，视也。《易》观卦之卦辞曰：观，盥而不荐，有孚颙若。常目在之，诚意未散，故颙若而观。此观字，即诚意未散而常目在之意也。

《易·说卦传》：乾为天。指苍苍然有形质之天言也。

《诗·大雅·文王篇》：上天之载，无声无臭。指吾人之性天言也。

以有形质之天，喻无声无臭之天，如《庄子·逍遥游》：野马也，尘埃也，生物之以息相吹也。天之苍苍其正色邪，其远而无所至极邪。其视下也，亦若是则已矣。意谓有形质之天，在无声无臭远而无所至极者之性天视之，亦同等于野马（日光中之微尘曰野马）尘埃。虽未尝言远而无所至极者为何物，而即以天混言之，然可以推知之也。

《庄子·在宥篇》：圣人观于天而不助。又《缮性篇》：道理也。

《易》观卦：观天之神道，而四时不忒。观天之道 即下文见之者昌。

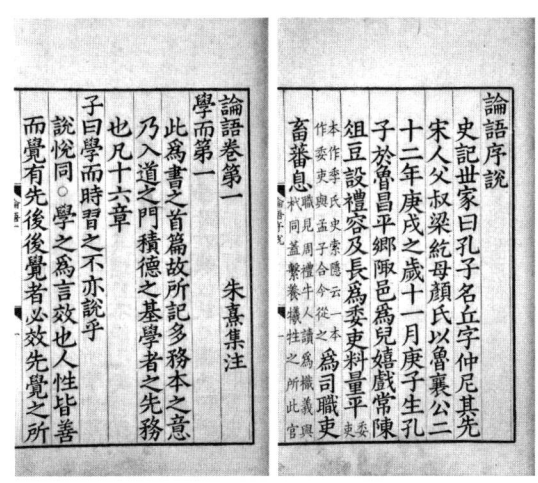

朱熹集注《论语》书影

执，握持之于手也。《论语·尧曰篇》：允执其中。

《易·乾卦·大象传》：天行健，君子以自强不息。君子执天之行以自行，勇猛精进而不止也。

《庄子·齐物论》：是以圣人和之以是非而休乎天钧，是之谓两行。休乎天钧，亦即执之意也。

行，行其所无事也。《孟子》：禹之行水也，行其所无事也。如智者亦行其所无事，则智亦大矣。执夫之行之意也。

执天之行，非执而不动，即下文施行于天。

尽，竭也，无余之意。孔子曰：古犹今也。

天无为而物自化。观天之道，所以致中也，执天之行，所以致和也。尽矣，无欠无余也。谓常目在之于喜怒哀乐未发，无声无臭之时，静如是，动亦如是，物来而顺应之，其肆应之用，操之在己，欲如何即如何，便是天行而吾执之使行也。仅其天行，主宰在我，为执天之行，非执持而不使行也。如是而用动静一矣。既为一，安有余，故曰尽。此二句为全书之纲要，下文更蔓衍之。

天有五贼，见之者昌。

贼，害也。

《孟子》：贼仁者谓之贼，贼义者谓之残，残贼

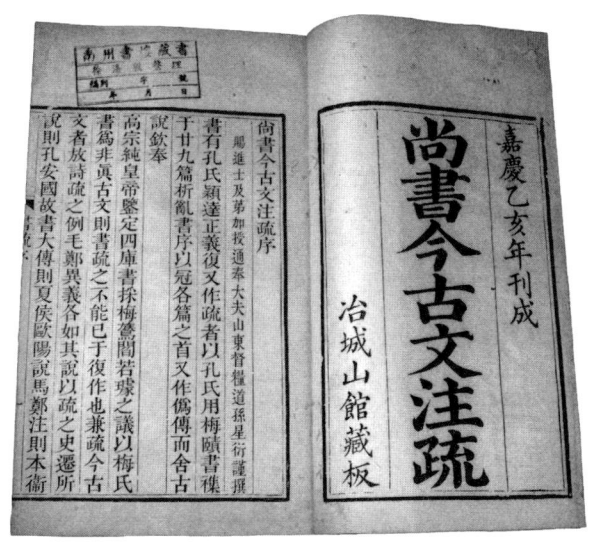

清嘉庆平津馆刻本《尚书今古文注疏》

之人谓之一夫。

《书·舜典》：寇贼奸宄。

今谓窃盗为贼，强盗为盗。此五贼，害人之意偏多，外来之意犹轻，故不言盗而言贼。

目滞于色，则目生贼；耳滞于声，则耳生贼；鼻滞于香，则鼻生贼；舌滞于味，则舌生贼；身滞于触，则身生贼。是为五贼。

《关尹子·五鉴》：无一心，五识并驰，心不可一。无虚心，五行皆具，心不可虚。

《易·系辞传》：《易》曰，憧憧往来，朋从尔思。子曰，天下何思何虑？天下同归而殊途，一致而百虑。天下何思何虑？其憧憧往来于胸次者，即憧憧是此之贼也。朋从，即贼与贼为朋而相从也。今该括其朋从曰五。

天有五贼，就常人而言也。常人举性天而生贼，故云天有五贼。

朱元晦《阴符经考异》：五贼，五行也。

《阴符经发隐》：五贼有二释。一就五行释。五行者，水火木金土。何以谓之五贼邪？盖生克相仍，乃流转之道。今专就相克而言，是以名之五贼。贼贼夺尽，即显真空，实返本还源之要也。故见之者昌。二就五尘释。五尘者，色声香味触，皆从外来，残害性真，故曰天有五贼。若见其元，贼为我用，故曰见之者昌。见者，观之先也。见之者昌，即上文观天之道。

《关尹子·五鉴篇》：识千年，俄可去。又《一宇篇》：一情冥，为圣人。冥而去之，故昌。

贼非美名也。圣人示人以大道，岂可用贼乎？若认贼为子，则下文何必自相矛盾，而曰奸生于国，时动必溃，又曰三盗既宜，三才既安哉？则杀机之杀，又杀何物耶？如下文之杀机是杀贼机者，则此二句果何如解之？盖就常人之举性天而有贼者言，其所有之贼，即目见色，色成贼，而往来于胸次，以至身遇触，触成贼，而往来于胸次也。见其为贼，贼迹灭。贼迹灭则自然贼反本而天道立，泰定清明，吉祥止止，观天之道，岂有不昌者哉？故云云也。

宋乾德六年（是年改元开宝，刻石十一月尚未改元也），袁正已所书阴符刻诸石者，天字上有一故字。

五贼在心,施行于天。

心,指人心。

《阴符经发隐》:三界惟心。又云:此的示贼之根元,以免向外驰求也。

五贼在心,即《大学》所云:心有所忿懥,则不得其正;有所恐惧,则不得其正;有所好乐,则不得其正;有所忧患,则不得其正。

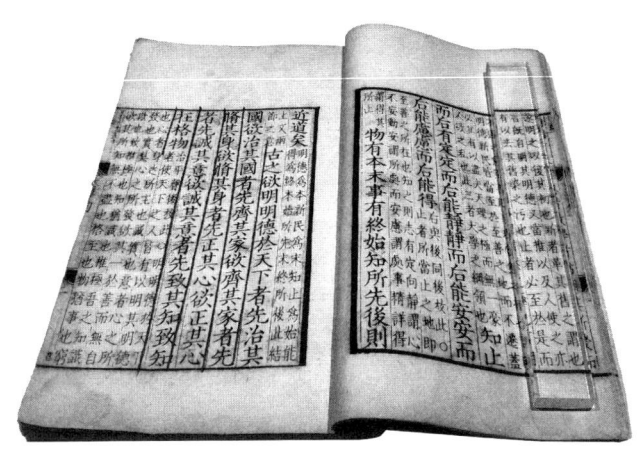

宋刻本《大学》书影

五贼在心，则天有五贼。

施者，与之也。有主宰，而后可云施行。

《易·乾卦·大象传》：云行雨施，品物流形。又益大家传：天施地生，其益无方。

《庄子·天道篇》：云行而雨施矣。

施者，执后而有事也。施行于天，即上文执天之行在。

五贼在心，亦就常人言之。心成机心，故天有五贼也。如见之者昌，见而执之，执而施之，天所有者，皆非五贼，而施行于天矣。目之贼施与于目，耳之贼施与于耳，乃至身之贼施与于触。以目视目，以耳听耳，以心复心（以日下句见《庄子》），无不舍却，而所施行之色声味等与夫施之者物我浑忘，夫然后施行于天也。

宇宙在乎手，万化生乎身。

上下四方为宇，往来古今为宙。言宇宙，即言三世十方。

《管子·宙合篇》注：古往今来为宙。

宙之云者，古者于焉而往，今者于焉而来，指地言之也。

《阴符经》沈亚夫注：君子晓达真源，譬天地在乎手。

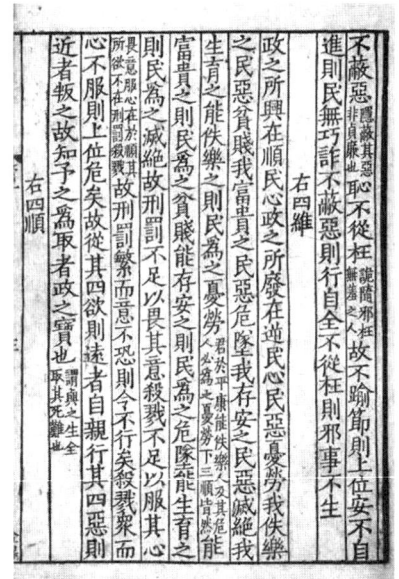

宋本《管子》书影

此不通之注也。在乎手，斯在乎手矣，何云譬？然以宇宙作天地言可知，故采录之。

上下四方为宇，而地独无上下四方乎？往古来今为宙，而天独无岁推月移乎？然上下四方，方所定，天之不动可知也。古往今来体质转，于是有岁推月移，地之本静可知也。

手，人手，为执行之喻也。言宇言宙言手，天地人三才，人为主。

《庄子·天地篇》：天地虽大，其化钧也。万物虽多，其治一也。天地在手则钧，万化生身则育物众多。

见之者昌，而施行于天，自然万化生乎身。

观以目言，执以手言，化以身言。三才固同化也。下文云机在目，此云宇宙在乎手，万化生乎身，下句重在人。

《庄子·大宗师篇》：特犯人之形而犹喜之，若人之形者万化而未始有极也，其为乐可胜计也。故圣人将游于物之所不得遁而皆存。同此万化生乎身也。故尻轮神马，一往化而不昧昭明。

万化生乎身，身外化身，万物皆备。故《孟子》

云：万物皆备于我矣。

《阴符经发隐》"宇宙"句下注云：统摄无遗。"万化"句下注云：出生无尽。

此二句为全书之归束，亦即吾人修道者之归束。若无此归束，圣人亦不必垂教，而吾人亦不必修道矣。以其能穷今古，齐小大，一死生，执乎手，生乎身故也。

天性，人也。人心，机也。立天之道，以定人也。

《中庸》：天命之谓性。

《庄子·天地篇》：形体保神，各有仪则，谓之性。

又《庚桑楚》：万物出乎无有。有不能以有为有，必出乎无有，而无有一无有，其人藏乎是。

《孟子》：形色，天性也，惟圣人然后可以践形。

心之本体为性。佛家云，去凡夫妄我，则归于如来之性我。性我,即此处所云天性人也之人。

《阴符经发隐》"天性"下小注:法界体性。

通玄先生《黄帝阴符经注》:传曰,人谓天性,机谓人心。

天性二字,若为幽玄,今揭破以示人,简直指之,即此人而已。故无论动植飞潜,其本体之性,则皆人也。所以无论动植飞潜,不能修道,必至于人,乃能复性而成圣人也。

常保此天性,则常为人。及一落于人心,便入于机,渐为非人矣。

《列子·杨朱篇》:人肖天地之类,怀五常之性,有生之最灵者人也。

人心者,明昧相兼,即是迷惑。《论语》:既欲其生,又欲其死,是惑也。忽欲其生,忽欲其死,爱恶无定,无有真宰,如彼机缄,凑拍而动,故曰人心机也。

《阴符经发隐》"机"字下小注：无明不觉，一念妄动。

天道本漫然而行者。为之立之，以唤醒其本原之真，故曰立天之道。

《易·系辞传》：立天之道曰阴与阳。其在于天曰阴阳，其在于地曰柔刚，其在于人曰仁义，此孔子举先天之大道在有形之三才中言也。此之立天之道以定人，即先天而天勿违，俾人能复其常性，断绝其人心，全体为天性。孔子以三才直写出一先天象，此亦如是。先天象者，爻爻人，爻爻天性。

立天之道，是成天性。

《庄子·大宗师》：不以心捐道，不以人助天，是之谓真人。真人即道心，即天性，即既立之天道。

立天之道，其立之法为观。

迷惑者，人心不定。欲人心定，难定，天道立，人心自定。心定人定，故曰以定人也。

立天之道先用观，执天之行且先定。

立则不妄动，定则不妄动。如用动，则万化生乎身。《易》曰：天下何思何虑，定也。

去其机，使机而未始出于非人者（见《庄子》），还复于人，乃未始入于非人（见《庄子》），则天道立，人遂定也。定字，岂徒就内而言，外亦如之，内外一定，无间也。内无间，故圣；外无间，故王。

天发杀机，移星易宿；地发杀机，龙蛇起陆；人发杀机，天地反覆；天人合发，万变定基。

《中庸》：发而皆中节，谓之和。

《论语》：亦足以发。回也不愚。又：不悱不发。

《庄子·养生主》：十九年而刀刃若新发于硎。《庄子·养生主》之庖丁解牛，即明示杀机中节也。

此机字，指人心也。

《阴符经发隐》"天发地发"二句小注：显依报非常之变。又注：天地不自发，以人发而发。但见人发，而不见天地发，是正报转，依报未转。又天人合发小注：依正全转。

此虽言天地而重在人，人发则天地亦由之而发。《中庸》注：吾之心正，则天地之心亦正。吾之气顺，则天地之气亦顺。即此意也。

《孟子》：梏之反复，则其夜气不足以存。夜气不足以存，则其违禽兽不远矣。梏者，机械也。以杀机存夜气。夜气，平旦之气，喻清明在躬，即所谓不惑者也。

《庄子·至乐篇》：人又反入于机。万物皆出于机，皆入于机。明示轮回之由于机心。又《天地篇》：吾闻之吾师，有机械者，必有机事。有机事者，必有机心。机心存于胸中，则纯白不备。纯白不备，则神生不定。神生不定者，道之所不载也。

《老子》：五色令人目盲，五音令人耳聋，五味令人口爽，驰骋田猎令人心发狂，难得之货令人行妨，所以必杀其贼机也。

移星易宿，自有而反无也。龙蛇起陆，自下而反上也。天地反覆，申明内外兜底翻转也。

杀机之所用以杀者，是观。

天地反覆，是外物虽不足以惑其内，而内惑之根未尽。故天人合发，内外之惑全去，而发万变之基定也。

何谓万变？死死生生，生生死死，人人禽禽，禽禽人人是也。基定，则常为人。此人，是真人，即天性也。人基定矣，再进而后万化生于身矣。

《庄子·齐物论》：死生无变于己。基定故也。

此言杀机为立天之道以定人之法也。

朱元晦《阴符经考异》庐陵黄瑞节附录云：唐

褚遂良得太极丹真人所注《阴符经》本于长孙赵国公家，以其书为非一人之言，如首二句注云"圣母岐伯言"，次四句注云"天皇真人言"，以下皆然。间有与诸本不同者，如云天发杀机，移星易宿。地发杀机，龙蛇起陆。人发杀机，天地反覆。诸本逸移星。

易宿，地发杀机八字，当以褚氏本为正。可见《阴符》由来已久，非李筌所作明矣。如十真注，沈亚夫注，宋石刻（即袁正已所书者）皆无此八字，文义上便尔不通。而朱元晦既从骊山老姆注本与蔡氏本，亦缺八字，其时物文理哲以下，又从褚氏张氏本，有二十一句百一十字。取此遗彼，何也？乃其序文曰，此书为郢书，吾书为燕说，由今观之，何尝成燕说哉！

性有巧拙，可以伏藏。

《史记·货殖传》：故巧者有余，而拙者不足。

《老子》：大巧若拙。

《关尹子·三极篇》：能虽至神，不离巧拙。

《阴符十真集解》：大巧莫巧于造化，而莫知所为，岂不似拙？

苍厓氏《黄帝阴符经注》：性有巧拙，巧者固宜

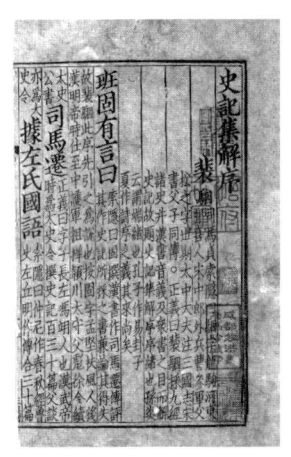

宋刻本《史记》书影

伏藏，则巧者益巧。拙者尤须伏藏，则拙者不拙。

《阴符玄解》：拙，实巧之作用也。

《阴符经考异》：圣人之心与天地参同。众人不能者，以巧拙之不同也。惟知所以伏藏，则拙者可使巧矣。人之所以不能伏藏者，以有九窍之邪也。

性有巧拙有二解，一以巧之拙言，一以巧拙对言。

《阴符经发隐》：妙智无住，名之为巧。业识染著，名之为拙。巧拙由心，而云性者，从其本也。智现则业识伏，识生则妙智藏。

形体保神，各有仪则。其仪则有巧有拙，巧者才长，拙者才短。但无论性之为巧为拙，皆可以使之伏藏，而为立天定人之始功也。或曰，性有巧反若拙之作用，故可使为巧为拙者一齐退藏于密也。

上文云天人合发，万变定基。其发也，即杀机之杀。其杀机之杀，即见贼之见。见贼之见，是观大之道之观字也。其观也，以性中有此巧反于拙之巧拙作用耳。即与之以一切皆忘，而此观常明明不忘之谓。观之时，一时无巧无拙，岂非性有巧拙可以伏藏？即以其人之道，还治其人之身，妙用如此。

九窍之邪，在乎三要，可以动静。

《庄子·齐物论》：百骸九窍六藏，赅而存焉，吾谁与为亲？

又《知北游》：万物以形相生，故九窍者胎生，八窍者卵生。

言九窍，指人也。儒家谓人为万物之灵，三才之一。佛家谓人身为法界体性。今此书虽非佛典，而东西圣人先后一揆。

九窍，两目、两鼻孔、两耳孔、一口腔、前阴窍、后阴窍也。或云，人中之上窍双，人中之下窍单，此天地交泰也。脐以上向前开宫，有机缄；脐以下向后，无机缄，不开宫，此天地定位也。邵子云：脐为太极，又人禽之判也。

九窍之邪，目口阴之用，不得其宜也。

《周礼·疾医》：两之以九窍之变。注云：阳窍七，阴窍二。其阳窍，眼耳鼻口也。阴窍，前后二阴也。

宋玉赋：九窍通郁，精神察滞，延年益寿千万岁。

邪者，不正也。因不正而迷惑，故《易》复卦爻辞云：迷复凶，有灾眚。用行师，终有大败，以其国君，凶，至于十年不克征。丧失天君也。

《阴符经发隐》：三要者，目口阴也。此三窍最易起邪。动则随流，静则返本。三要非三窍也。目口阴如以窍言，则有四，故经文不言三窍而言三要也。三要有二。一谓目口阴，是四窍之三要。一谓耳目口，是五窍之三要。

《阴符经十真注》葛玄曰：三要者，眼耳口也。

《阴符考异》：窍虽九，而要者三，耳目口是也。知所以动静，则三返而九窍可以无邪矣。目必视，耳必听，口必言，是不可必静，惟动而未尝离静，静而非不动者，可以言动静也。

董德宁《阴符本义》：耳目口三者之机，俱在我自主。如或妄动，则人欲胜而天理亡。

《易·艮卦》：时止则止，时行则行，动静不失其时，其道光明。

《庄子·刻意》：静而与阴同德，动而与阳同波。

吾人用功，先使动返静，次使可以动静。其动使返静者，当如《庄子·齐物论》所云"嗒然丧偶"，及《人间世》所云"心斋"，与夫《大宗师》所云"坐忘"。端坐一室，一念不起，如起，随起随忘，以斋字忘之，久之，躯壳自躯壳，我自我矣。其使可以动静者，顺乎世，无意必固我，而非礼勿视，非礼勿听，非礼勿言，非礼勿动。此即用之当而不邪也。如不于静中养出端倪来，而曰吾能非礼不视听言动，巧伪耳，城府耳。斋字以忘之，即是观也。言从口，听从耳，视从目，三要可动可静。如邪不去，则无主观。无主观，则动静二者不能云可以也。

火生于木，祸发必克。奸生于国，时动必溃。

《庄子·外物》：木与木相摩而然，金与火相守则流。阴阳错行，则天地大絯，于是乎有雷有霆。水中有火，乃焚大槐。即此火生于木，祸发必克之义也。

火生于木，喻机心之动也。发杀机之发，是当发。此之发，火发，是不当发，故云祸发。

《阴符经发隐》"火生于木"下小注：喻心起惑。"祸发必克"下小注：焦灼性灵。又姦，作奸。"奸生于国"下小注：喻身造业。"时动必溃"下小注：流转苦海。

《阴符经考异》：火生于木，有时而焚木。奸生于国，有时而必溃。五贼之机，亦犹是也。

《阴符经十真解》曹道冲颂曰：木为真性火为情，欲火炎时碍性真。惟有圣人修炼得，国无颠险木无焚。

奸，发隐作奸。五贼在心，贼机出则害心。故未复性之才，乃贼性之才，其人则国之奸宄也。然则可以愚智同用而皆有益者乎？曰：上文云性有巧拙，可以伏藏，是已。

木中生火，如国中生奸，合言之，以喻天有五贼，五贼在心也。故能时时守常，勿使有时不觉动而招溃败，则几矣。

知之修炼，谓之圣人。

知之，知杀机也。亦即知观天之道，亦即知伏藏，亦即知动静，亦即知克溃之可惧也。一知字收摄上文。

修，修身修心。炼，炼身炼心。

炼与练通。使之精熟也。

陈琳赋：百炼精刚。

《庄子·大宗师》：其名为撄宁。撄宁也者，撄而后成者也。此炼字与撄字有同意，如俗所谓经历也。

《宋史·隐逸传》：陈抟来朝，宋琪等问曰：先生得玄默修养之道，可以教人乎？对曰：（中略）正君臣协心同德兴化致治之秋，动行修炼，无出于此。

真德秀题跋：大忠大孝，不俟修炼而得神佑。此引陶弘景真诰中语也。

通玄先生《阴符经注》：奸生于国，时动必溃者，此言国犹身也。身随幻变，眼

陈抟像

因色媚，神领在心，情欲交蔽，阳即下奔，动之必溃。却不知坎内真精，被奸尽溃之矣。

《阴符经发隐》：知之者，知其火与奸之为害也。修者修其身也，有转邪归正之功。炼者炼其心也，以智慧火销烦恼垢。有炼矿成金之效，可以超凡入圣矣。

《孔子集语》：心之精神是谓圣。

修，修治。炼，锻炼也。知之而内修其身，外

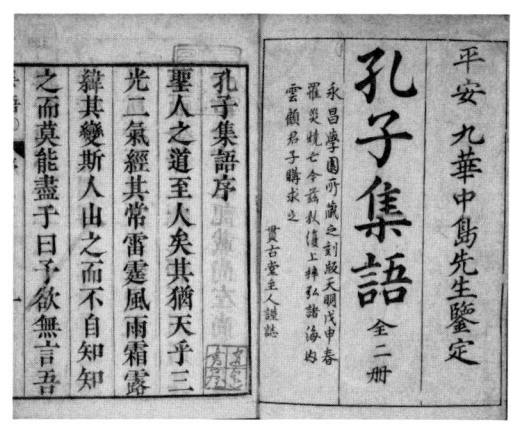

《孔子集语》书影

炼其行，使外物接于我者，无论顺逆，心泰定而不动，是之谓修炼。修炼之，可以执天之行而成为圣人。若但知而不行，仍是常人耳。

唐李筌曰：某入秦国，至骊山，逢一老母，授以《阴符玄义》。诫某曰：黄帝阴符三百余言，百言演道，百言演法，百言演术。参演其三，混而为一，上有神仙抱一之道，中有富国安民之法，下有强兵战胜之术。圣人学之得其道，贤人学之得其法，小人学之得其术。云云。以此语分为三篇，又滞于上中下及圣人贤人小人与道法术等之辞，真以为百言演道，百言演法，百言演术。如《十真集解》，竟以上篇为神仙抱一演道章，中篇为富国安民演法章，下篇为强兵战胜演术章。嗟夫！《阴符》固圣人平实之言，人徒知其为奇书耳，而岂有支眼识其归趣者？然其所传，全文自有三处结束，谓上中下三篇可，谓上篇说何事，中篇说何事，下篇又说何事，未可也。今从朱元晦先生、杨先生之例，仍分为上中下三篇，又变通之而列篇名之上中下于右，以示此分篇或为后人之所分，非黄帝以来原有此分篇也。

读上篇，知又可分为四节读之。自起处至万化生乎身为第一节，自天性人也至万变定基为第二节，自性有巧拙至可以动静为第三节，自火生于木至谓之圣人为第四节。前三节每以后节解前节，而第四节则设譬以为儆诫也。

|中篇|

天生天杀，道之理也。

上文云观天之道，又云立天之道。观之即立之也。今天生天杀云云，则但言天道，未有观也。盖恐人不解天道，故再为引申言之。

《易·说卦传》：帝出乎震，齐乎巽，相见乎离，致役乎坤，说言乎兑，战乎乾，劳乎坎，成言乎艮。成乎艮，而又出乎震。此后天象之循环不止，生杀相寻，故有春生夏长秋收冬藏也。

《易》：君子尚消息盈虚，天行也。息即生，消即杀也。

欧阳修赋：物过盛而当杀。

《易·序卦传》：有天地，然后万物生焉。曰有天地，非常存不变矣。故天生天杀，知天地万物之无常。

《列子》：有生不生，有化不化。不生者能生生，不化者能化化。生者不能不生，化者不能不化，故常生常化。常生常化者，无时不生，无时不化。阴阳尔，四时尔。不生者疑独，不化者往复。往复，其际不可终。疑独，其道不可穷。故生物者不生，化物者不化。自生自化，自形自色，自智自力，自消自息。谓之生化形色智力消息者，非也。天道自生自化，故天亦无常也。

此天道《庄子》以天籁示之曰：吹万不同，而使其自己也，咸其自取。怒者其谁邪？天生天杀之道理如此。

《关尹子·二柱篇》：天地虽大，有色有形，有数有方。吾有非色非形，非数非方，而天天地地者存。盖知其有而立之，则能出于生杀之机矣。

道，天道也。道之理即天道之理。

此使人知天道之不可从，而知生杀之当安定。虽未尝有贬天道之言，然观上文立天之道。观天之道，与下文天地万物之盗等句，则天道之理之生杀，要当定之安之。定之安之，即执天之行也。此句乃下文之发凡耳。

天地，万物之盗。万物，人之盗。人，万物之盗。

《关尹子·八筹篇》：鸟兽俄呦呦，俄旬旬。草木俄茁茁，俄停停，俄萧萧。天地不能留，圣人不能系，有运者存焉尔。其天地不能留，直是天地盗之。

盗，强劫而去也。怒生之草，交加之藤，夏与畏日争，冬与严霜争。畏日严霜，即天地以之盗万物之具也。

欧阳修赋：丰草绿缛而争茂，嘉木葱茏而可悦。草拂之而色变，木遭之而叶脱。即天地以四时为盗之征也。

天生天杀，即天地为万物之盗。

上文言天道，地兼在其中，于此言天地而可以推知。

万者，约众多而为言也。故物曰万物，类曰万类，事曰万事。

《易·乾卦·象传》：大哉乾元，万物资始。

《说文》：霆雷余声铃铃，所以挺出万物。

《隋书·高祖纪》：五气陶铸，万物流形。

《庄子·秋水》：号物之数曰万。

《关尹子·二柱篇》：天地寓，万物寓，我寓，道寓。

天地人物，皆物也。故《庄子·秋水》曰：道无终始，物有死生。有死生，为有盗机耳。

《阴符经发隐》：此言天地，即是阴阳造化之理。

此天地如以佛学断，即是三界。其天地人物互相盗，即六道中之所以死此生彼也。

《阴符经发隐》"万物人之盗"小注：牵引意识，处处贪着。又，"人万物之盗"小注：遍揽外境以为我所。

《阴符经玄解》：万物之荣枯，随天地之运转，故天地为万物之盗。人不能持守，被万物残贼其真性，故万物为人之盗。

《阴符经十真集解》刘玄英曰：天地与万物之生成，盗万物以衰谢。万物与人之服御，盗人以骄淫。人与万物之工器，盗万物以毁败。

又许逊曰：万物盗天地而生成，不知天地反盗万物而衰老。人盗万物以资财，而充富贵，不知万物反盗人以劳役而致祸患。

《关尹子·一字篇》：圣智造迷，鬼神不识。以迷，故为盗为贼。

天地不但为万物盗，亦能为人盗。万物与人不但相盗，亦能为天地盗。天地人不但能互盗，且亦能自盗。

《庄子·大宗师》：大块载我以形，劳我以生，佚我以老，息我以死。故善吾生者，乃所以善吾死也。如善生善死而行之矣，即立天之道以定人矣。天地虽盗我，其如我之真我何哉？是天地为人之盗不必虑也。

《列子·天瑞》：齐之国氏大富，宋之向氏大贫。自宋之齐，请其术。国氏告之曰：吾善为盗。（中略）吾闻天有时，地有利，吾盗天地之时利，云雨之滂润，山泽之产育，以生吾禾，植吾稼，筑吾垣，建吾舍。人为天地之盗，又不能不盗者也。不必虑也。而万物之盗天地，亦于云雨滂润山泽产育者见之矣。即下文食其时，百骸理，动其机，万化安也。未可云盗也。此互相盗引申上文天生天杀，三才之不相安耳。

天地人三者同为物竞天择也。故《易》之《序卦传》始于乾坤，终于既未济也。忧患之世，相生相杀，古今同慨。所以圣人不肯以物为事，心凝形释，物我两忘。《庄子》曰：忘而复之。遗世乎？乃救世也。若以为天地非盗，且曰备大德焉，顺世之语耳，不可不察。

宋石刻"盗"字下皆有"也"字。

三盗既宜，三才既安。故曰：食其时，百骸理。动其机，万化安。

三盗既彼此相宜，盗而非盗矣。《列子·天瑞》：知天地之德者，孰为盗耶，孰为不盗耶？

《阴符经发隐》：愚人揽外五尘以为己有，名之为盗。智者知其惟心所现，用不离体，则盗得其宜而三才安矣。

《阴符经注》王道渊曰：此承上云三盗之义于此，故云三盗。既宜者，此所谓有道之人，一性觉照，万理贯通，自能勘破一身四大是阴阳五行之气假合而生我，则不被形缚。

邵尧夫先生《击壤集》诗云：既知万物备于我，肯把三才别立根。

通玄先生《阴符经注》：三盗玄合于人心，三才顺动于天理。

天地万物之盗矣，人虽三才之一，言万物，人亦在中。今立天之道以定人，是人能乘天地之正，御六气之辨，以游无穷也。育位于中和，不为阴阳所盗者也。若夫为寒暑之所销烁，年事之所增益，幼而壮，壮而老，老而死。如《礼记》所云：骨肉蔽于下，荫为野土，其气发扬于上为昭明。此形骸与生气之为天地盗，乃天地之所宜盗也。又，万物人之盗矣，天地虽大，亦各为万物之一。如《中庸》朱注所云：动者诚能动物，变者物从而变。天地万物位育于吾，又安能为吾盗？若夫《庄子·列御寇》所云：上为乌雀食，下为蝼蚁食，不必厚葬者。此万物盗尸骸而食，又万物之所宜盗也。又，人万物之盗矣，万物无限，然各各为万物之一。如《孟子》云：不违农时，谷不可胜食也。斧斤以时入山林，材木不可胜用也。顺其衰而盗之，又人之所宜盗也。三盗既宜，自然为三才而安，是以云也。

百骸，骸言身体之骨骼也。

万物之性，本互相爱，而所向于一，能聚也，能散也。一落迷惑，互相爱者为形体所囿，反成互相吞啖之大苦。试观盈天地之万物，大而狮象，小而蝼蚁，飞者鹰雀，泳者鱼鳖，何一而不具口以相吞啖者乎？人禽者，人之所当别者也。其别者在何？曰在食其时，动其机。《论语·乡党》：不时不食，时也。动其机，即应物而不藏，取之以时也。宇宙在手，动机应物。非机心自动，而如上文所云之人心机也。

万化者，如《易·系辞传》所云：斫木为耜，揉木为耒，（中略）日中为市等等，所谓神而化之，使民宜之者是也。

万化安者，虽用机械以便民，而不用之以自相杀也。《老子》曰：五色令人目盲，五音令人耳聋，五味令人口爽，驰骋田猎令人心发狂，难得之货令人行妨。此即利用五贼，起盗心，为盗行，人盗万物，万物盗人，天地亦因之而为盗，愈进化，愈相杀也。读《礼记》之《月令篇》，扩而充之，斯知所以安之矣。

《阴符经考异》：天地万物主于人。人能食天地之时，则百骸理矣。动天地之机，则万化安矣。（中略）时者，春秋早晚也。机者，生杀长养也。

通玄先生《阴符经注》：有若时然后食，终身无不愈。时然后动，庶绩无不安。食不得其时，动不得其机，殆至灭亡。

《列子·杨朱篇》：人者爪牙不足以供守卫，肌肤不足以自捍御，趋走不足以逃利害，无毛羽以御寒暑，必将资物以养性，任智而不恃力。故智之所贵，存我为贵。力之所贱，侵物为贱。然身非我有也，既生不得不全之。物非我有也，既有不得不去之。身固生之主，物亦养之主。虽全生身，不可有其身。虽不去物，不可有其物。有其物，有其身，是横私天下之身,横私天下之物。其惟圣人乎?公天下之身,公天下之物,其惟至人矣。此之谓至至者也。

百骸理,万化安,执天之行也。

此篇本重在执天之行,故此处言立道定人后之事功也。修齐治平,举不外之,而尤重在理与安之二字。读者须知古圣人爱人深至,先示之以改过去惑,出一观字以为修身之实用。又示之以勤体实腹,出一执字以为治平之至要。俾知以道为重,以身为轻。人欲不肆,人人自治,而天下去争也。《老子》曰:使夫知者不敢为也。为无为,则无不治。深思之。

人知其神之神,不知不神之所以神。

人知其神之神者,如《列子》所载:西极之国有化人来,入水火,贯金石,反山川,移城邑,乘虚不坠,触实不硋,千变万化,不可穷极。既已变物之形，又且易人之虑。穆王敬之若神。及神巫季咸等等是也。

不知不神之所以神者，如下文所云日月有数，大小有定是也。唯人亦然。人有脐而无尾，有脐故能言，无尾故无毛。毛也者，犹木之叶也。鸟兽有毛，故《书》之《尧典》云：鸟兽希革，鸟兽毛毨，而人则以衣代之，别于禽兽矣。又如《易·系辞传》所谓：麋鹿食荐，螂蛆甘带，鸱鸦嗜鼠。禽兽互相吞啖，强侵弱，众暴寡，物竞求存，而人则以刍豢代之，别于禽兽矣。又如《易·系辞传》所谓：古者穴居而野处，后世圣人易之以宫室，上栋下宇以待风雨。则吾人之居处，又别异于禽兽矣。又男女有别，婚媾以时，师资崇德，父子报功，孝悌亲亲，仁民爱物，日用寻常之间，无非使人自别于禽兽，而人未之察也。不神之神，莫神乎此，而昧者固不知也。

《列子·力命篇》：北宫子既归，衣其短褐有狐貉之温，进其茙菽有稻粱之味，庇其蓬室若广厦之荫，乘其筚辂若文轩之饰。终身逌然，不知荣辱之在彼也，在我也。东郭先生闻之曰：北宫子之寐久矣。一言而能寤，易怛也哉！此为知不神之所以神者，宜东郭子之美之也。

《关尹子·三极篇》：圣人之于众人，饮食衣服同也，屋宇舟车同也，贵贱贫富同也。众人每同圣人，圣人每同众人。何尝神，所以神也。

此句亦为下文之发凡。下文即引申此句不神之所以神也。如《列子》所载游金石蹈水火，亦神矣。乃子夏言夫子能之而不为，盖所以神者在此不在彼也。

案宋石刻作人知其神而神，不知不神之所以神也。

日月有数，大小有定。圣功生焉，神明出焉。

数，历数。定，界限之也。

不能度其大小者，准之以历数，则神明出焉。可以测其大小者，定之限量，则圣功生焉。

《阴符经十真集解》刘玄英曰：见乃谓之象，形乃谓之器。（二句见《易·系辞传》）以象言者，日月也。以形言者，大小也。有象然后有数，故曰日月有数。有形然后有位，故曰大小有定。

《阴符经发隐》：日月有数，时也。大小有定，方也。尽人而知之。体至道者，即此寻常事理之中，显出无穷之妙用。于有数之中而能延促自由，后先互换，乃圣功所由生也。于有定之中而能大小相容，一多无碍，此神明所由出也。方山《华严论》云，十世古今，始终不能离于当念。无边刹海，自他不隔于毫端。非圣神，其孰能与于斯？

《易·系辞传》：古者庖牺氏之王天下也，仰则观象于天，俯则观法于地，观鸟兽之文，与地之宜，近取诸身，远取诸物，于是始作八卦，以通神明之德，以类万物之情。类万物之情，圣功也。

《孙子》：五行无常胜，四时无常位。日有短长，月有生死。

《关尹子·三极篇》：圣人师蜂立君臣，师蜘蛛立网罟，师拱鼠制礼，师战蚁制兵。（中略）圣人师万物，唯圣人同物，所以无我。

又，圣人曰道，观天地万物皆吾道倡和之，始终之，青黄之，卵翼之。不爱道，不弃物，不尊君子，不贱小人。

《易·系辞传》：备物致用，立成器以为天下利，莫大乎圣人。

圣功神明，即由于上文之三盗既宜，三才既安而出生。先天而天勿违，后天而奉天时，一以贯之。

日月有数，岁功成。大小有定，器用遂。

《庄子·知北游》：天地有大美而不言，四时有明法而不议，万物有成理而不说。圣人者，原天地之美，而达万物之理。是故至人无为，大圣不作，观于天地之谓也。

圣人岂必居位者，见龙在田，群龙无首，皆圣人也。圣功亦岂徒言圣人之功，神明亦岂徒言圣人之神明乎？圣功神明，皆天地人所自有者也。能观能执，能立能定，生之以时，用之以时，三盗既宜，三才既安，而能圣功生神明出，要当于宜与安中深思也。故友沈祖藩云：风花雪月天真佛，大地山河极乐邦。言秽土即净也。如《庄子·逍遥游》：鹏来北冥，化鲲图南。圣功神明，莫大乎此。

其盗机也，天下莫能见，莫能知。君子得之固躬，小人得之轻命。

盗即上文三盗既宜之盗，机即上文人心机之机。

盗机，盗心也，即吾人刻刻妄动之心也。

《阴符经十真集解》葛玄云：至道无形，故天下莫能见。妙机无数，故天下莫能知。理于贤人，故君子得之固躬。乱于不肖，故小人得之轻命。又颂之曰：贤人穷理合虚无，得悟乾坤造化炉。下士只争名与利，郊原丘冢是前途。

或曰：盗机为有生以来所本有，即先世（先世即佛家所云之前世前生）之积习也，君子小人所同有者也。但君子得此盗机，用之于大当，且知其为盗机而观之，观之即见之者昌也。虽天下莫能见莫能知，然君子则反躬体己，求知求见，以之自修，复性成圣。小人者，不但莫能知莫能见，且以为不必知不必见，一任其所得之盗机，殉名殉利，贼人贼物。孔子言灾人者，人必反灾之。如轻其赋畀之命，以与世界竞争，杀身败家亡国随之矣。（此亦一说）

《列子·天瑞篇》所载"东郭子论盗事"，其国氏之盗，适等于此君子得盗机以固躬而大富者。其向氏之盗，适等于此小人得盗机以轻命而大贫者。未入圣流，故不云圣贤，而云君子。此等君子，亦不知不见，故云天下莫能知莫能见。盖此不能知不能见者，尚为盗机，未为天命也。

　　《阴符经发隐》：盗机因何要得，得之将何所益。岂知盗机非盗机也，乃家珍也。能见能知则名为得。得无所得，盗亦非盗，机亦非机。客梦初回，归家稳坐矣。

　　又，君子小人之称，有三种不同。一者，正直谓之君子，邪僻谓之小人。此古今所通用也。二者，在上谓之君子，在下谓之小人。如君子之德风，小人之德草是也。三者，气宇宽宏者谓之君子，心量狭隘者谓之小人。如硁硁然小人哉之类是也。

　　固躬轻命，皆由于不知神之所以神故也。黄

帝曾言曰：精神入其门，百骸反其根，我尚何存？（《列子·天瑞篇》所引）

夫无意必固我，故不神之所以神。其宇宙在手，万化生身，育位天地方物者，国则建德之国，人则藐姑神人。神往华胥，化来西极。倏然而来，岂有以富利为固躬者乎？

案宋石刻，作天下莫不见，莫能知也。宋高似孙子略所载，作君子得之固穷。

案读中篇，知又可分为两节读之，自"天生天杀"至"万化安"为第一节，自"人知其神之神"至"小人得之轻命"为第二节。第一节以"天生天杀"句发其凡，以"天地万物之盗"以下三句引申之，而以"三盗既宜"四句揭示其宗旨也。第二节以"人知其神之神，不知不神之所以神"句发其凡，以"日月以下"四句引申之，而以"其盗机也"三句示其愚惑，而为"三盗既宜"四句之反也。夫此人间世，岂无可挽之使为圣域乎？圣功生，神明出，即因其三盗宜三才安而来也。执天之行者，育位于内，亦能育位于外。《庄子》云：忘足，屦之适也；忘腰，带之适也；知忘是非，心之适也；不内变，不外从，事会之适也；始乎适而未尝不适者，忘适之适也。而此言动其机万化安，盖至人之用心若镜，不将不迎，物来而顺应，物去而不留，与物无终无始，无岁无时，日与化者，一不化者也。古犹今也，而不使三盗有盗焉。惟夫然，此人间世也，进化而益上矣。

|下 篇|

瞽者善听，聋者善视。绝利一源，用师十倍。三反昼夜，用师万倍。

《关尹子·六匕篇》：目自观，目无色；耳自听，耳无声；舌自尝，舌无味；心自揆，心无物。众人逐于外，贤人执于内，圣人皆伪之。

《韩非子》：圣人之道，去智与巧。智巧不去，难以为常。

通玄先生《阴符经注》：瞽者善于听，忘色审声，所以致其听。聋者善于视，遗耳专目，所以致其明。故能十众之功。

王道渊《阴符经注》曰：以世法言，人虽两目皆瞽，耳却善能于听。两耳虽聋，眼却善能于视。此谓世人贪心不止，随窍所漏，逐于外而失于内。（中略）夫视听之妙，非在眼耳，而实在神机之视听也。绝利一源，用师十倍者，此言以诚性为体，绝去利欲，清心一源，自得其虚灵不昧。

瞽者不用目矣，又偏聪于耳；聋者不用耳矣，又偏明于目。此常人但各利一源，而一倍之功尚未有也。绝利一源矣，譬之以用师，有十倍其师之功夫也。

《关尹子》云：善若道者，亦不用耳，亦不用目，亦不用力，亦不用心。

《阴符经发隐》：学人锐意精修，返流全一，六用不行，言思致绝，如同死人。忽而爆地迸裂，本智现前。尔时庆快平生，是谓一返昼夜。夫绝利一源者，已用师十倍。此一返昼夜者，则用师百倍。如是二返则千倍，三返则万倍。盖愈静而愈明，愈明而愈利矣。禅宗谓之三关透彻，即此意也。

又曰：昼者，光明洞达，喻如智慧；夜者，阒寂渊深，喻如禅定。

《素问》：平旦至日中，天之阳，阳中之阳也；日中至黄昏，天之阳，阳中之阴也；合夜至鸡鸣，天之阴，阴中之阴也；鸡鸣至平旦，天之阴，阴中之阳也。

绝利一源者，知止而后有定也。目利于见，耳利于闻，鼻舌等皆然，各利于一源。而今能一概涂绝之，其功夫譬以用师，已有十倍其师之力量矣。如是定而后能静，则百倍其师。静而后能安，则千倍其师。安而后能虑，则万倍其师也。定者，一念万年，泰然自得。静者，并此泰然者而无之。安者，动静如一，并丧其一。虑者，智慧无滞，动之以天机也。定静安三者，皆由昏昧入于昭明，故云"三反昼夜"。三反之功夫，非止知使有定之功夫，故分说之也。如用佛家语判之，则"绝利一源"是前五识转,"三反昼夜",是意识末那识阿赖耶三识转,即所谓转八识而成四智也。

《庄子·德充符》:而况官天地,府万物,直寓六骸,象耳目,一知之所知,而心未尝死者乎?象耳目,绝利一源也。其余亦兼三反意。

用师十倍,用师万倍,非真言兵机也。以用兵喻观天之道之功夫,其力量比于常人胜过十倍,乃至万倍也。如言有十倍其师之力量,百千万倍其师之力量耳。用兵则有势力,人皆知之,故以为喻也。

心生于物,死于物,机在目。

佛家之言云:三界唯心,万法唯识。物,物欲也。心为物欲所牵引,则有生死大病,而忽生忽死。

《孟子》:物交物,则引而去之矣。

《阴符经十真集解》许逊曰:道德之士,心不妄生,机不妄动;下愚之徒,贪婪万物欲资于身,反被万物所盗，而伤正性，是心生于物死于物也。

又，葛玄曰：愚人动生妄心加于万物，皆因目睹而心生，故曰机在目。

《老子》：不见可欲，使心不乱。见物而乱，故生死之机在目也。

《阴符经考异》：心因物而见，是生于物也；逐物而丧，是死于物也。人之接于物者，其窍有九，而要有三，而目又要中之要者。

《阴符经发隐》：既言用师，必知贼之所在，方能禽之。机，即贼之出没也。上篇人心机也，心之机难见，借物以显之。物生心生，物灭心灭，生灭逐物，妄心无体，目之机即心之机也。目见物而心随之，人心之机不亦显而可见乎？毗舍浮佛偈云，心本无生因境有，与上句同意。禅宗云，我有一机，瞬目视伊，亦示机在目也。

生生死死，为物所累，不得自脱，皆因于目见而起惑，故云机在目。机，心机。上文云人心机也，五贼之机也。有此贼机，与接为构，日以心斗，于是乎为天地万物之盗矣。是则人心者，非良心，贼心也，贼心宜杀也。

天之无恩，而大恩生。迅雷烈风，莫不蠢然。

此以苍苍之天之功用喻杀贼之功用也。

《论语·乡党》：迅雷风烈必变。注：迅，疾也。烈，猛也。

《书·舜典》：烈风雷雨弗迷。

无恩，犹言无恩情。《庄子·德充符》：惠子谓庄子曰：人故无情乎？庄子曰：然。惠子曰：人而无情，何以谓之人？庄子曰：道与之貌，天与之形，恶得不谓之人？惠子曰：既谓之人，恶得无情？庄子曰：是非吾所谓情也。吾所谓无情者，言人之不以好恶内伤其身，常因自然而不益生也。盖此如迅雷烈风之发杀机，绝不用恩，要使之复于无情耳。（人与人周旋往来，有中节之礼，常人谓之情，智者谓之礼。）

《庄子》：蠢动而相使，不以为赐。注：用其自动，故动而不谢。言民之动作出于自然也，万物皆然。风雷益，万物群生。

《老子》：天地不仁，以万物为刍狗；圣人不仁，以百姓为刍狗。不仁，无恩也。至公无私，何有恩？言迅雷烈风云云，有杀机不仁，以贼为刍狗之意焉。

《阴符经十真集解》葛玄云：自己天真谨守，无心即是无恩。

又，许逊曰：洊雷震，君子以恐惧修省。随风巽，君子以申命行事。（皆见《易·大象传》）

《阴符经发隐》：无恩者，断除情爱也；大恩者，长养法身也。若就利他言之，即是无缘大慈。（中略）起死回生也。

迅雷烈风句，亦可作执天之行解。

上篇言观天之道，执天之行；中篇言天生天杀，道之理也；今下篇言天之无恩而大恩生，迅雷烈风，莫不蠢然。要之不外观执，而每下愈况。且不必言立天定人，而立天定人自见乎其中。无心，无恩。无恩便是迅雷烈风，便是观执，便是杀贼也。

案褚氏本，此下有制在气三字，而无下文禽之制在气五字。李本则有禽之制在气五字，而无制在气三字于此蠢然之下也。而褚氏本乃有上文移星易宿，地发杀机八字。可知二本互有小小缺文，合之适成为完璧也。传世既久，秦汉后辗转抄录，遂致略有不同。今以彼补此，原文毫无缺漏。观其章法之谨严，修辞之明纯，可知可信。读者宜深思力行而宝藏之也。

至乐性余，至静性廉。天之至私，用之至公。禽之制在气。

杀贼之后，自在逍遥，形容之则曰乐曰余。杀贼之后，专志精一，形容之则曰静曰廉。乐也，余也；静也，廉也。本无动也，而亦本无静，活泼泼之性也。天性人也，即佛家所谓之真佛，道家所谓之真人。《易·系辞传》云：易，无思也，无为也，寂然不动，感而遂通天下之故。非天下之至神，其孰能与于此？然则能与此者，天下至神。性即易，易即性也。至静性廉，寂然不动也。感而遂通，至乐性余也。

天之无恩而大恩生，无恩性廉，大恩至乐也。迅雷烈风莫不蠢然，迅疾性廉，蠢然至乐也。天之无恩而大恩生，无恩至私，大恩至公也。迅雷烈风莫不蠢然，迅疾至私之用，蠢然至公之验也。执天之行者，风雷在握，可谓天之至私，而立天定人，又用之至公也。

《阴符经十真集解》施肩吾曰：至乐无如至静。又《集解》：天地氤氲，是至私也；万物化生，是至公也。（天地万物八字，见《易·系辞传》）

禽，与擒同，如《关尹子·五鉴篇》：惟圣人能敛万有于一息。

《文子》：圣人内藏，不为物唱，事来而制，物至而应。

《韩非子》：制在己曰圣，不离位曰静。

韩非像

《孟子》：我知言，我善养吾浩然之气。又，其为气也，配义与道，无是馁也。又，其为气也，至大至刚，以直养而无害，则塞乎天地之间。

制气之法，即《孟子》所云必有事焉而勿正心，勿忘，勿助长。

《庄子·人间世》：仲尼曰，若一志，无听之以耳而听之以心，无听之以心而听之以气。听止于耳，心止于符。气也者，虚而待物者也。惟道集虚，虚者心斋也。于以可见黄帝之制在气，即孔颜庄之心斋，即孟子之养气，千古心传在此矣。

《阴符经发隐》：会万物为自己，至私也。泽及万物而不居功，至公也。又，禽之者，制心一缘也。

禽之制在气者，以禽字引申执字，以制在气引申观字也。《孟子》云：心之官则思，思则得之，不思则不得也。此思字，岂何思何虑之思字乎？即以心思心之禽也。以心思心者，以心复心也。思即观，观即禽，思其无一念时之气象，如夜气之清明耳。

上文曾言莫不蠢然矣。蠢然，即活泼泼而长养者也，天性也。吾今更以《庄子》证之。《庄子》云：吾以无为诚乐矣，又俗之所大苦也。故曰至乐无乐。(见《至乐》)又云，全汝形，抱汝生，勿使汝思虑营营。(见《庚桑楚》)又云，謷乎大哉，独成其天。(见《德充符》)又云，古之人，天而不人。(见《列御寇》)又云，庸也者用也，用也者通也。(见《齐物论》)又云，用之者，假不用者也。(见《知北游》)然则此余也廉也，私也公也，固方便言之，要在能擒其五贼，制而杀之于无终无始之一气，而长养其活泼泼之天性而已。

案《阴符经考异》，至静作至净，而注之云，至净者无染，故性廉洁。

生者死之根，死者生之根；恩生于害，害生于恩。

生死句示迷惑之大病，恩害句示感应之妄作。感应，因果也。生死，轮回也。有因果则有轮回，无恩害则无生死，恩害与生死相须也。示此生死因果者，使人知此生死恩害，如水火然，当逃避之也。

《易·系辞传》：原始反终，故知死生之说。精气为物，游魂为变，是故知鬼神之情状。

《中庸》：事死如事生，事亡如事存，孝之至也。

《论语》：季路问事鬼神。子曰：未能事人，焉能事鬼？敢问死。子曰，未知生，焉知死？言能事人，方能事鬼。知生则能知死也，死后非无。

《庄子·秋水》：道无终始，物有死生。

又《大宗师》：子来曰，父母于子，东西南北，惟命之从。

阴阳于人，不翅于父母，彼近吾死而我不听，我则悍矣，彼何罪焉？夫大块载我以形，劳我以生，佚我以老，息我以死。故善吾生者，乃所以善吾死也。

又，已外生矣，而后能朝彻。朝彻，而后能见独。见独，而后能无古今。无古今，而后能入于不死不生。杀生者不死，生生者不生。其为物无不将也，无不迎也，无不毁也，无不成也，其名为撄宁。

撄宁者，撄而后成者也。

又，彼方且与造物者为人，而游乎天地之一气。彼以生为附赘悬疣，以死为决疣溃痈。夫若然者，又恶知死生先后之所在。

又，且彼有骇形而无损心，有旦宅而无情死。

《列子·天瑞篇》：惟予与彼，知而未尝生未尝死也。

又，有生者，有生生者；有形者，有形形者；有声者，有声声者；有色者，有色色者；有味者，有味味者。生之所生者死矣，而生生者未尝终。形之所形者实矣，而形形者未尝有。声之所声者闻矣，而声声者未尝发。色之所色者彰矣，而色色者未尝显。味之所味者尝矣，而味味者未尝呈。皆无为之职也。能阴能阳，能柔能刚，能短能长，能圆能方，能生能死，能暑能凉，能浮能沉，能宫能商，能出能没，能玄能黄，能甘能苦，能膻能香。无知也，无能也，而无不知也，而无不能也。

又，黄帝书曰，形动不生形而生影，声动不生声而生响，无动不生无而生有。形，必终者也。天地终乎，与我偕终。此偕终，即佛家所谓度尽众生也。

《易·说卦传》：帝出乎震，齐乎巽，相见乎离，致役乎坤，说言乎兑，战乎乾，劳乎坎，成言乎艮。齐与相见则恩，致役则害生于恩。战劳则害，成则恩生于害也。盖为物所役，身心受大苦。代谢者又不以毁为谋，而成于民也，是恩害相生无穷期也。

《阴符经本义》引俞全阳曰：恩谓天之生物，害谓天之杀物。

或曰：小惩大诫，（见《易》）以讼受服，（见《易》）皆恩生于害也。舆脱輹，夫妻反目，（见《易》）妇子嘻嘻，终吝，（见《易》）皆害生于恩也。

无恩害，则去生死死生之根也。所谓无恩害者，物来顺应之，未尝于应物中有恩之或害之之心也。

盖恩害，本非天性所固有也。《庄子》曰，参万岁而一成纯。（见《齐物论》）又曰，有旦宅而无情死。（见《大宗师》）死生无变于己，（见《齐物论》）而况恩害之端乎？此特为人指破，而欲使人看破也。

愚人以天地文理圣，我以时物文理哲。

《中庸》：知者过之，愚者不及也。

《论语》：惟上知与下愚不移。

《汉书·古今人表》第九等下下曰愚人。言可与为恶，不可与为善者也。

《关尹子·九药篇》：不信愚人易。

《易·系辞传》：仰以观于天文，俯以察于地理。

《中庸》：文理密察，足以有辨也。

《庄子》：小夫之知，敝精神乎蹇浅。此小夫，指愚人言也。

《大学》：人之彦圣，其心好之。注：圣，通明也。

通玄先生《阴符注》：传曰，观天之运四时，察地之化万物，无所不知，而蔽之以无。知小恩于人，以蒙自养之谓也。

又王道渊曰：愚人以天地文理圣者，此言愚人，非是愚蠢之愚。盖谓有等学人，因聪明所障，被文理所拘，竟不肯低下参访至人，只于外面寻纸上之文，亿度天地文理，快说快道，他遂自以为圣。吁！何其愚之甚也！以有道者观之，反为愚人也。

《易·系辞传》：六爻相杂，惟其时物也。

时物文理，如《易·系辞》所云，河出图，洛出书，圣人则之是也。

时物文理，指八卦成章，六十四卦成先天象言之也。是时也，一时无二时。是物也，生物不测。文理，其种种之象，种种之声等之理具也。于后天象地水火风同合而成之人间世。不过于动其机万化安中，一时返成先天之时物文理，内圣外王，表里如一也。《关尹子·八筹篇》：古之善揲蓍灼龟者，能于今中示古、古中示今，高中示下、下中示高，小中示大、大中示小，一中示多、多中示一，人中示物、物中示人，我中示彼、彼中示我。是道也，其来无今、其往无古，其高无盖、其低无载，其大无外、其小无内，其本无一、其末无多，其外无物、其内无人，其近无我、其远无彼。不可析，不可合，不可喻，不可思。惟其浑沦，所以为道。夫能体此圣功神明者，岂非哲人乎？

哲，智也。对愚人言，故曰哲也。

《书》：浚哲文明。又，知人则哲。

《礼记》：哲人其萎乎？

以天地文理圣者，逐外物以自多，如《庄子·天下篇》，后人评惠子云，惠施多方，其书五车，逐物而不反，穷响其声，形与影竞走者是也。时物文理哲者，宇宙在乎手、万化生乎身是也。六爻相杂，惟其时物。欲见此宇宙在手、万化生身之圣哲乎？可于《易》之先后天象研究之。彼，美人兮，固常在于先天大象中也。

案《阴符经考异》庐陵黄瑞节附录云：骊山老母注本与蔡氏本，我以"时物文理哲"为书之末句。褚氏本与张氏注本，其下有二十一句百一十四字，朱子所深取者，政在此。今取褚氏本为正。其所以缺二十一句者，盖缘历来抄散之讹，不足据也。

人以愚虞圣，我以不愚虞圣。人以奇期圣，我以不奇期圣。

上文言愚人以天地文理圣，以多知多能为圣人矣。而圣人大智若愚，（四字见《老子》）故又测度圣人为愚也。

古人不言愚人，是愚人上一等之中人也。

《关尹子·九药篇》：智之极者，知智果不足以周物，故愚。

又，圣人言蒙蒙，所以使人聋；圣人言冥冥，所以使人盲；圣人言沉沉，所以使人喑。惟聋则不闻声，惟盲则不见色，惟喑者不音言。不闻声者，不闻道，不闻事，不闻我。不见色者，不见道，不见事，不见我。不音言者，不言道，不言事，不言我。圣人，我与事与道且不以为有，如愚人也，故人以愚度之。

《论语》：吾与回言，终日不违如愚。

《庄子·天运》：惑故愚，愚故道。此亦如愚之旨，谓愚故近道也。圣人固有示人以愚者，故人以愚度之也。

人以奇期圣者，不度圣人为愚，又改度圣人，以奇怪期望之也。

《列子·黄帝篇》：有神巫自齐来，处于郑，命曰季咸。知人死生存亡，祸福寿夭，期以岁月旬日，如神。郑人见之，皆避而走。列子见之而心醉，而归以告壶子曰：始吾以夫子之道为至矣，则又有至焉者矣。此列子始学道，以奇期圣之据也。

又，黄帝放万机，舍宫寝，去直侍，撤钟悬，减厨膳，退而间居大庭之馆，斋心服形，三月不亲政事。昼寝而梦，游于华胥氏之国。（中略）黄帝既寤，怡然自得，召天老、力牧、太山稽，告之曰：（中略）今知至道不可以情求矣。朕知之矣，朕得之矣，而不能以告若矣。又二十有八年，天下大治，几若华胥氏之国。黄帝未尝以奇自居，人亦不以奇期之。即可知吾国古时已曾臻文明极点矣。如有志者能求之于古，三皇五帝旧文明，可与古为新也。

又《周穆王篇》：化人谒王同游。（中略）化人之宫，构以金银，络

周穆王像

以珠玉,(中略)王自以居数十年不思其国也。(中略)所坐犹向者之处,侍御犹向者之人。视其前,则酒未清,肴未晞。王问所从来。左右曰:王默存耳。此在佛家谓短劫摄长劫,延促任意。在回教,(天方性理)谓之小中见大。人间世固幻。或谓真即是幻,幻还有真。事理本然,何尝有奇?周穆王亦未尝自以为奇也。

《阴符经发隐》:世俗之见,不达真理,见其体静,妄以为愚,而不知其性离暗纯。见其用大,妄以为奇,而不知其性德本具。

苍厓氏《阴符经注》:道在不愚不奇。不愚不奇,《中庸》所谓从容中道之道是也。

惟圣人能知圣人。或愚之,或奇之,所以为常人之见,乃妄为揣测耳。圣人无揣测之心,所以能知圣人。

案宋刻缺此二十二字。

故曰，沉水入火，自取灭亡。

《庄子·养生主》：吾生也有涯，而知也无涯。以有涯随无涯，殆已。已而为知者，殆而已矣。

《阴符经发隐》：盖以愚虞圣者，心趣昏昧，故喻沉水。以奇期圣者，心贪高举，故喻入火。自取灭亡者，汩性丧真也。

或曰，如上种种推测圣人，不能实行圣人之道，而以天地文理自圣，则如自沉于水，自投于火，自杀其身也。宁杀己而不杀贼，是可哀也。故以此语警之。

以沉水入火譬生死恩害。灭亡者，销铄汩没，丧亡真性也。

案黄瑞节《阴符考异附录》曰，张氏注本云，人以虞愚，我以不虞圣。人以期其圣，我以不期其圣。故曰沉水入火，自取灭亡。今考《道藏·斗集》所载张氏注本，未见脱书。而仅多故曰二字，于理为长，特从之。至宋刻，则前文既缺，且并此十字亦缺之也。

自然之道静，故天地万物生；天地之道浸，故阴阳胜。阴阳相推，而变化顺矣。

自然之道，非如佛家所斥之自然外道也，彼是一切放任之谓。此自然之道，即佛家所谓本原自性天真佛也。如如不动，故云自然之道静耳。

《礼·乐记》：人生而静，天之性也。上文云天性人也，其人寂静。

天地位、万物育，故云天地万物生。《易·系辞传》：天尊地卑，乾坤定矣。卑高以陈，贵贱位矣。动静有常，刚柔断矣。方以类聚，物以群分，吉凶生矣。在天成象，在地成形，变化见矣。（上下皆天地。中含高卑、贵贱、动静、刚柔，方物吉凶形象，而不外天地。）是故刚柔相摩，八卦相荡。（刚柔相摩，一阴爻对一阳爻也。八卦相荡者，成先天大象也。）鼓之以雷霆，（震四，离三）润之以风雨。（巽五，坎六）日月运行，一寒一暑（乾坤坎离，颠倒不变，故重言之，而乾坤更详。）乾道成男，坤道成女。（艮七，兑二）乾知大始，坤作成物。（天地）乾以易知，坤以简能。（乾一，坤八，先天大象成。）此浸胜相推之事也。三反昼夜之后，自有此种景象，言雷霆风雨等，皆借外言之以为喻。宇宙在乎手，万化生乎身者，造天地即天地之，化万物即万物之，莫非大顺，故曰变化顺也。

又，天地氤氲，万物化醇。男女构精，万物化生。浸胜相推，化醇之事，非化生之事也。

《庄子·天地》：泰初有无，无有无名。（中略）性修反德，德至同于初。同乃虚，虚乃大。合喙鸣，喙鸣合，与天地为合。其合缗缗，若愚若昏，是谓玄德，同乎大顺。

苍厓氏《阴符经注》：自然之道，无形无象。主宰其中，天地万物之有形象者，俱借以转矣。浸者，由渐以进。胜者，迭为消长。

通玄先生《阴符经注》：传曰，自然之道，无为而无不为，动静皆得其性，静之至也。静故能立天地，生万物，自然而然也。伊尹曰：静之至，不知所以生也。传曰：浸，微也。天地之道，体着而用微，变通莫不归于正，微之渐也。微渐故能分阴阳，成四时之至顺也。又曰：圣人变化顺阴阳之机，天地之位自然，故因自然而冥之，利自然而用之，莫不得自然之道也。

《庄子·大宗师》：先天地生而不为久，长于上古而不为老。故能生天地顺变化也。

天真常在，故云自然之道。静者示其本静。天地万物皆其所本具，但吾人昏蔽逐妄，不能自觉。及反其本静，而天地万物生于静中也。此中天地阴阳又是活泼泼地，故以浸字、胜字、相推字、变化字等形容之。顺者，顺相推也。道家言逆之成佛成仙，大非。细玩上文，有佛家所云之净土在。

是故圣人知自然之道不可违，因而制之。

《老子》：道法自然。

《淮南子》：因天地之自然。

《晋书·裴秀传》：生而岐嶷，长蹈自然。

《中庸》：忠恕违道不远，施诸己而不愿，亦勿施于人。以尚有揆度之心，故未免违道。但作彼己如一看之，道本如一，故云不远也。

违自然之道者，如以己出经式义度，（以己句见《庄子·应帝王》）使人从己是也。

《庄子·在宥》：故举天下以赏其善者不足，举天下以罚其恶者不给，故天下之大不足以赏罚。自三代以下者，匈匈焉终以赏罚为事，彼何暇安其性命之情哉！而且说明邪，是淫于色也；说聪邪，是淫于声也；说仁邪，是乱于德也；说义邪，是悖于理也；说礼邪，是相于技也；说乐邪，是相于淫也；说圣邪，是相于艺也；说知邪，是相于疵也。

此不安其性命之情，违自然之道也。

又，自而治天下，云气不待族而雨，草木不待黄而落，日月之光益以荒矣，而佞人之心翦翦者，又奚足以语至道。此可见自然之道不可违。

《关尹子》：情生于心，心生于性。情，波也；心，流也；性，水也。来干我者，如石火顷，以性受之，则心不生物浮浮然。其以性受之者，一无妄念受之也，即制即观即执。

又，天下之理，小不制而至于大，大不制而至于不可制。故能制一情者，可以成德。能忘一情者，可以契道。先制后忘，忘则不违。因而制之，庄子谓之因是。《齐物论》：是以圣人不由而照之于天，亦因是也。又曰：因是已，已而不知其然，谓之道。又曰：无适焉，因是已。制之，止之也。

上文禽之制在气，此引申言之也。

《淮南子》：寂然无声，漠然不动，引之不来，推之不去。此可以形容制字。

违自然之道，即逆自然之道也。制者制违逆之行。

案宋石刻缺此十六字。

至静之道，律历所不能契。爰有奇器，是生万象。八卦甲子，神机鬼藏。

《庄子·天道》：圣人之静也，非曰静也善，故静也；万物无足以铙心者，故静也。（中略）圣人之心静乎！天地之鉴也，万物之镜也。又《刻意》：一而不变，静之至也。

又《庚桑楚》：彻志之勃，解心之谬，去德之累，达道之塞。贵富显严名利六者，勃志也。容动色理气意六者，谬心也；恶欲喜怒哀乐六者，累德也；去就取与知能六者，塞道也。此四六者不荡胸中则正，正则静，静则明，明则虚，虚则无为而无不为也。

《庄子·寓言》：天有历数，地有人据，吾恶乎求之？不能求，犹不能契也。

又《徐无鬼》：不可以有崖，而不可以无崖。颉滑有实，古今不代，而不可以亏。此指道而言也。

又《则阳》：冉相氏得其环中以随成，与物无终无始，无几无时。日与物化者，一不化者也。阖尝舍之！此得道之后，成就后觉，不肯含弃，与此示奇器使昭昭进乎象者其心正相同也。

奇器，或以指人而言。

《道德经》：天地之间，其犹橐籥乎？此亦以器为言也。

丹家有鼎器之说，乃就有奇器而拟言之。

《庄子·天地》：无为而万物化。物各有象，是生万象。

又奇器指八卦甲子而言。太极生两仪，两仪生四象，四象生八卦、内卦三爻备。又以八卦作太极观，两仪之，四象之，八卦之，外卦六爻备。内卦己也，外卦人也，爻爻太极两仪四象八卦又重之也。序卦可图也，杂卦可图也，后天六十四卦不可图也。欲图之，去游魂八、归魂八而图之。后天象，先天大象之用也，而即在先天大象之内。《庄子》所谓六合虽大，未离其内。秋毫为小，待之成体。万物莫不沉浮，终身不故。阴阳四时运行，各得其序。此先天大象动而非动，动如静，静而非静，静如动。人己如一，彼此如一，内外如一，一亦非一也。非静非动，故《易》言至动之健，而此言至静之道也。至静之道，律历所不能契。今以奇器之六十四卦，总摄于八卦,而即名之曰先天八卦象者契之也。

甲子,以甲乙丙丁戊己庚辛壬癸十干,与子丑寅卯辰巳午未申酉戌亥十二支,相配以成六十干支,而总名甲子也。登龟灼荆,方弓异弓,老少奇耦,凶吉之兆,于焉以判。而蓍之七七四十九,参伍以变,错综其数,挂之执之归奇之,何卦何象,而吉凶见也。至静之道,律历所不能契,今以器之蓍龟契之也。

就其感而遂通言之,故曰神机。神机对感者言,被感者固未尝动也。就其寂然不动言之,故曰鬼藏。鬼,归也,游魂之得归者。鬼藏而寂然,恬定之至,固未尝动也。

至静之道,器以契之,八卦蓍龟也。陶弘景注《鬼谷子》:私志于内,物应于外,若合符契,故曰阴符。

阴阳相胜之术，昭昭乎进乎象矣。

上文言天地之道浸，故阴阳胜。今以先天大象释之，自复而颐而屯而益而震，乃至大有而夬，夬而乾，阳渐增而阴渐消。自姤而大过而鼎，乃至于坤，阴渐增而阳渐消。此其一也。（对象而玩之，易知）又或取六十四卦中任一卦如复，其第一爻变坤，数之以全象，（先天大象）作两仪观矣。第二爻变临，以全象作四象观矣。第三爻变明夷，以全象作八卦观矣。第四爻变震，以全象作十六观矣。第五爻变屯，以全象作三十二观矣。第六爻变颐，以全象作六十四观矣。六十四，卦之全数也。合而为太极，复亦太极也，颐亦太极也。卦数浸长，象数浸消，（先天大象之分数）象数浸长，卦数又浸消也。乃任一卦皆太极，皆两仪，皆四象，皆八卦，以至皆六十四。此其二也。又取任一卦乾变之。第一爻变姤，姤于数为三十二，于象为二。第二爻数变遁，遁于数为十六，于象为四。第三爻变否，否于数为八，于象亦为八。第四爻变观，观于数为四，于象为十六。第五爻变剥，剥于数为二，于象为三十二。第六爻变坤，坤于数为一，于象为太极。即六十四卦全也。（一、二、四、八、十六、三十二、六十四，对大象数之自知）此其三也。复示递变，乾示叠变，变不外乎此二者，而叠变为后天在于先天中变也，递变则先天自变也。先天一阴对一阳，而未尝为阴阳，相补而浑同之矣。是《庄子》所云，枢始得环中，以应无穷，是亦一无穷，非亦一无穷也。（见《齐物论》）环中，中也。是非两行，示以阴阳，寓诸庸而为和也。故上文云天地万物生。此至静之道，乃以卦象或蓍龟示之，是阴阳相胜之术之器也。昭昭乎进乎象者，以器契之，圣人之象，亦可得执持而观之也。道器之别，在人之行不行判之耳。《阴符经发隐》以为至静之道律历所不能契，是空如来藏。爰有奇器，是生万象，八卦甲子，神机鬼藏,是不空如来藏。阴阳相胜之术,昭昭乎进乎象矣,是空不空如来藏。其云空不空如来藏者,直显中道,与吾所示之递变相准。余之二者,亦一一相准。特于器之一字,神机鬼藏四字,未能确切而已。如吾之说,圣人即道,道寓于器,即器而见圣人。下学之,可以上达矣。

案高氏《纬略》曰:蔡端明云,柳书《阴符经》,书之最精者,善藏笔锋。余观此书,非唯柳氏笔法遒结,全不类他书。而此序乃郑瀚之作,尤为奇绝。其曰:雷雨在上,典彝旁达,浚其粹精,流为聪明。四句精绝,不似唐人辞章。以此断之,《阴符》之久传,又一证也。(见《考异附录》)

读下篇,知又可分为五节读之。自"瞽者善听"至"用师万倍"为第一节,自"心生于物"至"禽之制在气"为第二节,自"生者死之根"至"自取灭亡"为第三节，自"自然之道静"至"因而制之"为第四节，自"至静之道"至"进乎象矣"为第五节。第一节以用师为喻，第二节以风雷为喻，皆示其贼机之当杀。而第二节兼示贼之所在，及禽制于何处。第三节明言逐物之可惧，第四节明言育位之自然，第五节言八卦甲子奇器之可以契道。"观执"二字，乃详尽无余蕴矣。

附录二 阴符天机经

按：

约出于唐宋间。《通志·艺文略》著录。一卷。底本出处：《正统道藏》太清部。又见于《云笈七签》卷十五。

叙曰：有机而无其人者败，有其人而无其道者败。故《易》曰：即鹿无虞，惟入于林，中君子几，不如舍往吝。故圣人观其时而用其符，应其机而制其事，故能运生杀於掌内，成功业於天下者也。《易》曰：君子藏器于身，待时而动。是以圣人保之於灵台，以观机变。卷之则自胜，舒之则胜人，察之则无形，用之则不极。《易》曰：阴阳不测之谓神。而阴符象之矣。故圣人不测之符，陶均天下而元所归怨矣。夫天为地主，道为德君，故圣人奉地而法天，立德而行道，举天道而为经首，明地以奉之。《易》曰：乃顺承天，待时而动。是故圣人将欲施为，必先观天道之盈虚，后执而行之。举事应机，则无遗策。《易》曰：后天而奉天时。

昌

夫圣人法地而奉天，立德而行道。居天地道德之间，建莫大之功者，未有不因五贼而成也。五贼者，其一贼命，其二贼物，其三贼时，其四贼功，其五贼神，皇帝王霸权变之道也。是以圣人观其机而应之，度其时而用也。故太公立霸典而灭殷朝，行三风而理周室，岂不随时应机，驱驰五贼者也？故圣人立本於皇王之中，应机於权霸之内，经邦治身，五贼者备矣。则天下望风而从之，竭其性命而无所归其恩怨也。乃谓之曰有道之盗，无形之兵，呜呼，寇莫大焉。五贼在心，擒纵在手，治身佐世，莫尚於斯。《经》云：见之者昌，不亦宜乎？

身

夫人心，身之主，魂之宫，魄之府。将欲施行五贼者，莫尚乎心。事有所图，必合天道。此则宇宙虽广，览之只在於掌中；万物虽多，生杀不离於术内。则明天地不足贵以远以厚，而况耳目之前乎？

机

夫杀机者，两朝终始之萌，万人生死之兆，处云雷未泰之日，玄黄流血之时。故天之为变也，则龙出于田，蛇游乎路，此为交战之机，故曰龙蛇起陆。人之为变也，则春行秋令，赏逆罚忠，此为颠堕之机，故曰天地反覆。天人之机，同时而发，虽千变万化，成败之机定矣。

藏

夫仁者必有勇，勇者不必有仁；智者能愚，愚者不必能智。故圣人时通则见其巧而建其功，时否则见其拙而昧其迹。故孔明序曰：太公八十非不遇也，盖审其主焉。呜呼，性命巧拙之时，识达行藏之势，可以观变察机，运用五贼。所以然者，夫圣人所以深衷远照，动不失机，观天料人，应时而作。故《易》曰：知进退存亡而不失其正者，其惟圣人乎？

静

夫九窍者，在天为九星，在地为九州，在人为九窍。九窍之炁不正，故曰受邪。受邪则识用偏，识用偏则不可发机观变。故九窍之急在乎三要，太公曰：耳、目、口也。夫耳目口者，心之佐助也，神之门户也，智之枢机也，人之祸福也。故耳无聪不能别其音，目无明不能见其机，口无度不能施其令。夫三要不精，上不能治国，下不能治家，况兵者乎？悬人之性命，为国之存亡，静动之间，不得无事，岂可轻而用之？

人

夫火生於木，火发而木焚；国生於奸，奸深则国乱。亦犹蚕能作茧，茧成则杀其身，人能生事，事烦则害其命。非至圣不能修身炼行，防之於未萌，治之於未乱。夫十围之木，起於拱把；百仞之台，起於足下；治小恶不惧，必成大祸。呜呼，木不相摩，火无由出；国无乱政，奸无由生。有始有终，是非不动。能知之，其惟圣人乎？

安

万物盗天地之精以生成，人盗万物之形以御用，万物盗人之力以种植。彼此相盗，各获其宜，俱不知为万物化。故能用机者，法此三事，以道之盗而贼於物，物亦知为盗之道。所以然者，贵得其时也，贵得其机也，故曰合其时而食，则百骸治，应其机而动则万化安。乖时失机，则祸乱生也。

神

老君曰：功成不有，为而不恃。此全生立德之本也。夫小人者，贪其财则以身徇利，爱其名则以力争功，矜衔神迹而求神名，物共嫉之，必丧其命。欲益招损，是不神矣。夫君子建大功而不恃，防小祸於未萌，退己进人，推能让物，物共戴之；故不夺其利。自发神智，不能争物，物共让之，不居其后。为损招益，是以至神矣。故老君曰：为者败之，执者失之。诚哉言也。

圣

假如千年一圣，五百年一贤，应日月之数所生，而大小之人定矣。夫大人出世，应明德而建圣功；小人当时，则废正纲而生祸乱。故太公说於西伯，知人望而己归；周刘琨表於琅琊，识天时而未离；晋陵母自死，知明主之必兴；括母不诛，见赵军之必败。故天道人事，贤者可以预知，佐非其人，夷於九族。故《易》曰：长子帅师，开国承家；小人勿用，必乱邦也。

命

夫成败之道未形，死生之机未发，小人能见，君子能知，则易见而难知，见近而知远也。夫见机者则趋时而就利，皆不保其天年。知机者则原始而要终，固必全其性命。

倍

瞽者善听，神不离於耳；聋者善视，心不离於目。其为听也，神则专耳；其为视也，心则专目。耳之与目，

递为用师，当用之时，利绝其一。心之所主，则无事不精，犹有十倍之利，何况反覆？以此用之三思，精诚一计，顺时隐显，应机行藏。以此用师，固万倍之胜利。

物

夫人之心无故不动，生之与死，缘物而然。物动则心生，物静则心死。生死之状，其惟物乎？

目

目者神之门，神者心之主，神之出入，莫不游乎目。故见机者，莫不尚乎目；能知机者，莫不尚乎心。

蠢然

夫道不为万物而生春，万物感春炁而自生；秋不为万物而杀，万物感秋炁而自杀。其为生也、不恃其恩，不求其报？故其恩大矣；其为杀也，不恃其威，不求其惧，其威大矣。凡物取而得之者小，不取而得之者大，故圣人不取。夫君王有道无道，财人民治乱之机；歌谣或乐或哀，则时年丰俭之兆。时人不能省察，天地乃降征祥，或五云腾起，七曜变行，皆因国风，是以然矣。且宋君失德，荧惑守心；及乎谢愆，退之三舍。用今俦古，皎在目前；以彼喻斯，岂劳心术？故智者悟於人事之初，而愚者晦於星象之后矣。

生

老君以无为有母，静为躁君。夫静者，元炁未分之初，形於元炁之中，故能生天地万物。亦犹人弘静，其心不挠，则能生天下万物也。

胜

胜，浸长也。天地之道，各自浸长，天则长阳也，地则长阴也。阴阳相招，一昼一夜，递为君臣，更相制胜，故曰阴阳相胜。夫开国用师，必侵天道，亦犹金火相交，而非交不伏也。天且弗违，而况於人乎？

顺

《易》曰：刚柔相摩而生变化。变化不愿，故曰顺也。大人之育身治性，尚不可逆时为之，而况经邦佐世之雄哉？

契

至圣之道，窈然无为。无为则无机，无机则至静。夫律历之妙，动则能知，体既虚无，，莫得施其管。术亦犹兵者，不失其机，不露其衅，虽有智士，从何制焉？

象

奇器者，阴阳之，故能生万物，亦犹人心，能造万事，象矣。进前，象状也。八卦、六甲，鬼神机密之事，刚柔相制之术，昭昭乎前列其状矣。

阴符天机经竟